알아차리고 머물러서 지켜보라

알아차리고 머물러서 지켜보라

위빠사나에 기반한 통합수용치료 기법

어정현 지음

운주사

서문

명상을 이용한 심리치료를 공부한 지 어느덧 10년이 되었습니다. 그동안 심리학과 불교교리 등을 공부하고, 위빠사나 명상수행을 통해 스스로 치유의 경험을 하였습니다. 이를 바탕으로 위빠사나 명상의 핵심 수행원리인 '알아차림과 평정심'에 기반하여 내담자에게 수련과 연구목적의 심리치료를 시행하면서 알게 된 내용을 하나씩 정리한 것이 이제 한 권의 책이 되어 출간을 하게 되었습니다.

위빠사나 명상을 기반으로 한 심리치료는 연기법의 촉(觸)-수(受)-애(愛)-취(取), 즉 접촉에서 행동이 일어날 때까지의 마음 현상과 몸의 느낌에 대해 위빠사나 명상의 핵심 수행원리인 알아차림과 평정심을 갖고 지켜보는 것입니다.

인지적인 부분에서는 의식이 일어날 때 반드시 일어나는 마음 현상인 감정, 인식, 의도를 알아차리되 평정심을 갖고 그러한 마음 현상에 반응하지 않고 그 상황에서의 인지를 살펴보면서 수용합니다.

정서적인 부분에서는 감정이 일어난 후에 몸의 느낌을 알아차리되 평정심을 갖고 그 느낌에 반응하지 않음으로써 정서를 수용합니다.

이러한 것들을 상담자와 내담자가 묻고 답하면서 심리치료를 하는 상담기법입니다.

　이렇듯 접촉이 일어난 사례에서 인지와 정서를 통합적으로 수용하여 치료하기 때문에 통합수용치료(IAT, Integration Acceptance Therapy)라고 명명하였습니다.

　위빠사나 명상에 기반한 통합수용치료는 한국명상상담학회 학회장이신 인경 스님이 개발한 명상심리치료에 뿌리를 두고, 첫째, 불교 교리인 유식唯識의 5변행심소의 본래 의미를 충실하게 적용하고, 둘째, 위빠사나 명상의 핵심 수행원리를 적용하여 마음 현상과 몸의 느낌에 대해 각각 치료적 효과를 살펴보고 이를 통합한 것입니다.

　집단 교육과 개인 수행을 필요로 하는 MBSR, MBCT와 달리 위빠사나 명상에 기반한 통합수용치료는 위빠사나 명상의 핵심 수행원리인 알아차림과 평정심에 기반을 두고 있어서 개인 상담 치료가 가능하며, 개인 수행이 반드시 필요한 것은 아닙니다.

　위빠사나 명상에 기반한 통합수용치료를 확립하기까지는 많은 분들의 도움이 있었습니다. 명상을 이용한 심리치료와 인연을 맺어준 형기 스님, 통합수용치료의 근간이 되는 명상과 심리치료를 통합한 명상심리치료의 가르침을 주신 인경 스님, 유식 불교의 가르침을 주신 前 서울불교대학원대학교 김진태 교수님, 심리학을 가르쳐주신 한양사이버대학교 대학원 상담 및 임상심리 전공의 교수님들, 치유와 지혜를 가르쳐주신 경기대학교 대학원 상담학과 교수

6

님들, 지금까지 공부를 계속할 수 있도록 지지해주신 '온돌방'모임 스님들과 김성애(보리심) 보살님, 오윤경 선생님, 그리고 대학원에서 함께 공부하고 있는 남진우 회장님, 늘 옆에서 응원하며 함께해준 가족들, 좋은 세상을 만들도록 기꺼이 사례를 제공해주신 모든 분들과 대중에게 널리 관심을 받지 못할 주제임에도 선뜻 출판을 결정해주신 도서출판 운주사 김시열 대표님께도 깊은 감사를 드립니다.

　여기서 일일이 열거하지는 못하지만, 소중한 명상체험을 하게 된 수행센터(호두마을, 담마코리아)의 스승님들과 제게 도움을 주신 수많은 분들께 감사를 드립니다.

　모든 존재가 평온하고 행복하기를 바랍니다.

2020년 5월

어정현

3장 스스로 치유하기 211

4장 나는 누구인가? 259

1장

명상이란 무엇인가?

염念 : 알아차리면 현재에 살게 되고

지止 : 생각을 멈추면 마음이 고요해지고

관觀 : 관찰하면 마음이 자유로워집니다.

네 가지 성스러운 진리

태어나고, 늙고, 병들고 죽는 것이 괴로움이요
사랑하는 사람과 헤어지는 것이 괴로움이요
원수와 만나는 것이 괴로움이요
구하지만 얻지 못하는 것이 괴로움입니다.
이와 같이
삶은 고통스럽기 때문에 괴로움이요
행복도 결국은 변하기 때문에 괴로움이요
몸도 마음도 내가 통제할 수 없지만
이것을 '나'라거나 '내 것'으로 집착하기 때문에 괴로움입니다.

이러한 괴로움은
감각적 욕망, 무언가 되려는 욕망, 제거하려는 욕망
이러한 욕망에 대한 갈망에의 집착에서 생깁니다.
즉, 집착이 괴로움입니다.

집착은 놓아버림으로써 자유로워질 수 있습니다.
바로 욕망을 있는 그대로 내버려 두고,
판단하거나 제거하려는 의도 없이

다만 욕망에 집착하고 있다는 것을 알아차리는 것입니다.
일어남을 조건으로 하는 모든 것은 결국은 소멸하기 때문입니다.

괴로움을 소멸하는 방법에는
실상을 바로 보는 수행법으로서
여덟 가지 바른 길이 있습니다.

여덟 가지 바른 길

괴로움을 소멸하는 여덟 가지 바른 길(팔정도)은
정견, 정사유, 정어, 정업, 정명, 정정진, 정념, 정정입니다.

지혜의 영역은
모든 것을 있는 그대로 보는 바른 이해(정견)와
올바르게 보고 선한 마음을 내는 바른 생각(정사유)입니다.

계율의 영역은
말로 짓는 악행을 하지 않는 바른 말(정어)과
살생하지 않고, 도둑질하지 않고, 음행하지 않는 바른 행동(정업)과
생계를 위해 다른 사람에게 해를 끼치지 않는
바른 생활(정명)입니다.

선정의 영역은
선한 법은 강화하고, 선하지 않은 법은 멈추는 바른 노력(정정진)과
대상에 대해 찰나 전 기억을 챙기는 바른 알아차림(정념)과
마음을 한 대상에 집중시키는 바른 삼매(정정)입니다.

명상

명상이란
과거와 미래로 떠도는 생각을 멈추고
현재 있는 대상에 마음을 집중하여 현재에 사는 것입니다.

명상에는
사마타(집중) 명상과 위빠사나(관찰) 명상이 있습니다.

사마타(집중) 명상은
한 대상에 마음을 집중하는 것으로
마음을 고요하게 하는 것입니다.

위빠사나(관찰) 명상은
한 대상에 마음을 집중하여
그 대상의 변화를 관찰하는 것으로
지혜를 계발하는 것입니다.

알아차리고(念) 머물러서(止) 지켜보라(觀)

알아차림(念)이란
대상에 주의를 기울여서 찰나 전 알아차린 것을 기억하는 것으로
팔리어로는 Sati, 영어로는 Mindfulness,
한국어로는 '마음이 대상을 챙긴다'*고 해서
마음챙김이라 하기도 하고
혹은 마음을 챙기는 궁극적 목적으로서 알아차림이라고도 합니다.
항시 마음이 대상을 알아차려서 현재에 머무르도록 하는 것입니다.

이것은 집중명상과 관찰명상을 위한 깨어 있는 마음입니다.

집중(Samatha, 止)명상이란 마음의 고요함을 위한 명상입니다.
분별이 없는 인식된 표상(Image)을 떠올려서
그 표상에 집중하는 것입니다.

관찰(Vipassanā, 觀)명상이란 지혜를 얻기 위한 명상입니다.
분별이 있는 관찰 대상의 일어남과 사라짐의

---

* 각묵스님의 『초기불교이해』에서 인용

변화의 전 과정을 관찰하는 것입니다.

염지관念止觀명상**의 핵심은
대상을 알아차리고
대상에 집중하여 머물러서
대상의 변화를 지켜보고 수용하는 것입니다.

** 인경스님의 『명상심리치료』에서 인용

지혜를 계발하는 명상수행

명상을 통해 지혜를 계발하는 데는
책을 읽거나
사유작용을 하거나
수행을 통해서 계발하는
3가지의 방법이 있습니다.

책을 읽어서 얻는 방법은
이미 확립된 내용을 이해하고
그것을 정리하여 잘 설명할 수 있습니다.

사유작용을 통해서 얻는 방법은
어떤 요인에 의해서 지혜가 얻어지는지
그 원리를 잘 이해할 수 있습니다.

수행을 통해서 얻는 방법은
실제적 경험을 통해서 얻어지므로
몸과 마음을 통한 치유와 통찰이 일어납니다.

즉

책을 읽거나 들어서 얻는 방법은

우물을 찾아가는 길을 얻는 것이고

사유작용을 통해서 얻는 방법은

어떤 우물이 마시기에 적합한지를 논리적으로 판단하는 것이고

수행을 통해서 얻는 방법은

실제로 물을 마셔서 맛을 아는 경험을 통한 지혜입니다.

명상수행 1

명상수행은
지혜를 계발하여
괴로움에서 벗어나게 해줍니다.

수행을 통해 지혜가 계발되면
왜곡된 생각을 바로 알아차리게 되어
현상을 있는 그대로 보게 됩니다.

현상을 바로 보기 위해서는
생각이 멈추어져야 합니다.

생각이 멈추어져야 집중이 되고
집중이 되어야 관찰을 할 수 있고
관찰이 되어야 지혜가 생깁니다.

명상수행을 통해
지혜를 계발하고 현상을 바로 보아
마음의 괴로움으로부터 벗어날 수 있습니다.

명상수행 2

명상수행은
밖에서 무언가를 찾으려는 습관을 버리고
주의력을 자신의 몸과 마음에 두고
마음을 자기 자신에게 집중하는 것입니다.

지금 내가 하고 있는 행동을 살펴보고
나도 행복하고 타인도 행복할 수 있도록
나의 행동을 변화시키는 것입니다.

명상수행은
마음을 한 대상에 집중하여 고요함을 갖는 것이고
조건 지워져 일어나고 소멸하는 전 과정을 지켜봄으로써
대상을 있는 그대로 바라보고 분명하게 알게 되는 것입니다.

명상수행을 통해 무의식적으로 반응하던 자신의 행동에서
감정을 알아차리고 감정에 반응하지 않음으로써
긍정적 행동으로 삶의 양식을 바꾸어
마음의 평화로움과 자유로움을 얻는 것입니다.

명상의 종류

알아차림은
감각기관에 접촉되는 대상을 알아차리는 것으로
알아차리면 내 마음은 현재에 있게 되고
이것이 명상의 기본이며 토대가 되는 마음 현상입니다.

알아차림을 기본으로 하여
집중명상과 관찰명상이 있습니다.

집중명상은
한 대상에 마음을 머무르는 것으로
대상에 마음을 집중하면 생각이 멈추어지고
생각이 멈추어지면 마음이 고요해지고
비로소 분명하게 보입니다.

관찰명상은
동일 대상에 대한 연속적인 알아차림으로
일어났다가 결국은 사라지는
변화의 전 과정을 관찰하면

모든 것은 변하는 것이라는 지혜가 생겨
마음이 자유로워집니다.

네 가지 알아차림의 대상

명상은
네 가지의 알아차림을 대상으로 합니다.

몸을 대상으로 하여 알아차림 명상을 하고
느낌을 대상으로 하여 알아차림 명상을 하고
마음을 대상으로 하여 알아차림 명상을 하고
마음 현상을 대상으로 하여 알아차림 명상을 합니다.

결국
알아차림 명상은
자신의 몸과 마음을 대상으로 합니다.

집중명상과 관찰명상

명상을 한다는 것은
마치 물이 가득 찬 통에서
물이 맑아지는 과정과 같습니다.

한 대상에 집중하는 집중명상은
통에 흙탕물을 담아놓고 가만히 두면
시간이 지나면서 흙이 아래로 가라앉아
물이 맑아지는 것과 같습니다.
통이 흔들리면 다시 흙탕물이 됩니다.

대상의 일어남과 사라짐을 관찰하는 관찰명상은
물이 흐르는 통에 흙탕물을 담아놓고 가만히 두면
시간이 지나면서 새 물이 들어오고
흙탕물은 흘러가는 것과 같습니다.
시간이 지날수록 통 속의 물은 맑아집니다.

명상은 어떻게 하는 건가요?

많은 사람들이
명상은 신비하고 어려운 것이라는 생각이 드나 봅니다.

명상을 하고 있다는 사람에게도 자주 듣는 질문이
"명상은 어떻게 하는 건가요?"입니다.

명상은 언제 어디서나 할 수 있습니다.
명상을 한다는 것은 마음을 현재에 머무르게 하여
알아차림을 하는 것이기 때문입니다.

앉아서 하는 명상을 예로 들면

앉아서 호흡에 집중하여
호흡의 시작과 호흡의 중간과 호흡의 끝을 관찰합니다.
어떠한 의도도 없이
다만 호흡을 관찰하다 보면
마음의 눈에 무엇인가가 보이기도 합니다.
그 무엇인가의 느낌이 일어나면

그 느낌을 알아차리고 "안다"라고
느낌의 존재를 인정하고 호흡으로 돌아옵니다.

호흡이 안정되면
마음이 고요해지고 편안해집니다.
그 고요함을 즐기고 있는 나의 마음도 "안다" 하고
그 마음을 인정하고 호흡으로 돌아옵니다.

이렇듯 명상은 한 대상에 마음을 두고 알아차림을 하는 것입니다.

명상은
대상을 호흡으로 하든, 몸의 느낌으로 하든
매일 공부를 하듯이 꾸준히 하는 것입니다.

명상은 언제 어디서 어떻게 하나요?

명상을 한다는 것은
궁극적으로는 깨달음을 얻기 위한 것이지만
나에겐 마음의 평안을 얻는 것입니다.

그러면 명상은 언제 하는 것일까요?
명상은 매 순간 하는 것입니다.
매 순간
현재 하고 있는 것에 주의를 집중하여 알아차림하는 것입니다.
밥을 먹을 때는 밥 먹는 것을 알아차리고
청소할 때는 청소하는 것을 알아차리고
업무를 할 때는 업무 하는 것을 알아차림합니다.
마음이 항상 현재에 머무르도록
현재 하고 있는 것을 매 순간 알아차림하는 것입니다.

그러면 명상은 어디서 하는 것일까요?
명상은 나의 몸과 느낌과 마음과 마음현상에서 하는 것입니다.
몸에서는 대상이 감각기관에 접촉되는 것을 알아차리고
느낌에서는 좋고, 싫고, 좋지도 싫지도 않은

몸의 느낌을 알아차리고
마음에서는 마음에 일어나는 감정, 생각, 의도 등을
알아차림합니다.
마음현상에서는 대상에 대해 생각과 판단을 멈추고
현상을 있는 그대로 바라보기 합니다.

그러면 명상은 어떻게 하는 것일까요?
몸의 느낌에서 갈망으로 마음이 넘어가지 않도록
그 느낌을 알아차리고 느낌에 반응하지 않는 것입니다.
느낌이 올라올 때 마음에 평정심을 갖고
느낌에 대한 어떤 의도도 없이
생각과 판단을 멈추고 단지 바라보는 것입니다.
일어난 것은 결국 모두 스스로 사라지기 때문입니다.

구체적 방법으로는
명상에는 호흡의 숫자를 세는 수식관 명상
앉아서 호흡을 관찰하는 앉아서 하는 명상
걸을 때 발의 움직임을 알아차림하는 걷기 명상
서서 하는 명상, 누워서 하는 명상
그리고
몸의 감각과 느낌을 관찰하는 바디스캔 등의 방법이 있습니다.

호흡명상

앉아서 호흡명상을 합니다.

다리는 평좌를 하고, 깊은 호흡이 되도록 허리는 곧추세우며
턱은 살짝 아래로 당기고, 감각에 집중하기 위해 눈을 감고
코와 배꼽 선을 일치시킵니다.
어깨는 긴장을 풀고 편하게 늘어뜨리고
손은 다리 위에 편한 자세로 둡니다.

호흡에 대한 관찰의 기준점을
코끝에 둘 수도 있고, 아랫배에 둘 수도 있습니다.
여기서는 호흡을 알아차리기 쉬운 아랫배에 두도록 합니다.

호흡명상을 한다는 것은
인위적으로 호흡을 통제하는 것이 아닙니다.
단지 호흡을 바라보는 것입니다.

호흡이 거칠면 거친 대로 부드러우면 부드러운 대로
호흡이 길면 긴 대로 짧으면 짧은 대로

호흡에 대한 어떠한 통제도 없이
다만 바라보기만 합니다.

아랫배에 집중하여
숨이 들어올 때는 배가 부풀어오르는 것을 관찰하면서
들숨의 시작, 들숨의 중간, 들숨의 끝을 관찰하고
'부풂, 부풂' 하면서 마음속으로 이름을 붙여봅니다.

호흡이 나갈 때는 배가 꺼지는 것을 관찰하면서
날숨의 시작, 날숨의 중간, 날숨의 끝을 관찰하고
'꺼짐, 꺼짐' 하면서 마음속으로 이름을 붙여봅니다.

호흡명상은
호흡의 전 과정을 단지 알아차림만 하는 것입니다.

걷기 명상

걸음을 걸으면서 하는 명상이 걷기 명상입니다.

걷기 명상은
걸으면서 발의 움직임과
그 외 분명한 현상들을 관찰하는 것입니다.
발의 움직임에 마음을 집중하기 위해
두 손을 앞으로 모으거나 뒷짐을 집니다.
걸을 때는 발의 움직임을
충분히 관찰할 수 있도록 천천히 걷습니다.

걷기 명상에는 여러 단계의 걸음이 있습니다.

1단계 걸음은
오른발을 들고 놓을 때 마음속으로 "오른발" 하면서 걸음을 옮깁
니다.
왼발을 들고 놓을 때 마음속으로 "왼발" 하면서 걸음을 옮깁니다.

2단계 걸음은

발을 들 때 "듦" 하고, 발을 놓을 때 "놓음" 하면서 놓습니다.

3단계 걸음은
발을 들 때 "듦" 하고, 발을 이동할 때 "이동" 하고
발을 놓을 때 "놓음" 하면서 놓습니다.

6단계 걸음은
발을 들 때 발을 들겠다는 의도를 알아차리고 발을 들고
발을 이동할 때는 이동하겠다는 의도를 알아차리고 발을 이동하고
발을 놓을 때는 발을 놓겠다는 의도를 알아차리고 놓습니다.

걷기 명상은
앉아서 명상을 할 때 집중력을 강화시켜 주어
앉자마자 즉시 부풂, 꺼짐이 선명하게 확인되고
미세하지만 분명하게 관찰이 되도록 돕습니다.

바디스캔

바디스캔에는 두 가지의 방법이 있습니다.

하나의 방법은
정수리 → 머리 → 이마 → 눈 → 코 → 입 → 얼굴 전체 → 오른쪽
어깨 → 팔뚝 → 팔꿈치 → 팔 → 손목 → 손 → 손등 → 손가락 →
왼쪽 어깨 → 팔뚝 → 팔꿈치 → 팔 → 손목 → 손 → 손등 → 손가락
→ 앞목 → 가슴 → 배 → 등 → 오른쪽 허벅지 → 무릎 → 다리 →
발목 → 발뒷꿈치 → 발바닥 → 발가락 → 왼쪽 허벅지 → 무릎 →
다리→ 발목 → 발뒷꿈치 → 발바닥 → 발가락의 순서로
몸을 스캔하듯이 한 부위씩 몸을 훑어가면서
몸의 느낌을 관찰하는 것입니다.

각 부위에서 접촉되는 감각과 몸의 느낌을 알아차리고
다음 부위로 이동을 합니다.
느낌이 없는 곳에서는 약 1분간 머물러서 느낌을 찾아봅니다.
이것은 마음을 칼날같이 예리하게 하기 위함입니다.
여러 번 반복해도 강한 느낌이 사라지지 않는 부위에는
그 느낌에 머물러서 1~2분간 지켜봅니다.

그러면 그 느낌은 사라집니다.
이것은 일어난 느낌은 반드시 사라진다는
자연의 섭리인 무상을 지켜보기 위한 것입니다.

또 하나의 방법은
순간적으로 몸 전체를 훑어보고
가장 강렬한 몸의 느낌을 알아차리고
그곳에 머물러서 몸의 느낌을 관찰하는 것입니다.

이 방법은
거친 마음으로도 관찰이 가능하지만
수행의 진척에는 한계가 있다고 합니다.

그러나 바로 이 방법을
의도적으로 장면을 떠올려서 몸의 느낌을 일으키고
그 느낌에 머물러서 One Point 심리치료를 하는
상담형 몸 느낌 관찰에 적용합니다.

수식관 명상

수식관 명상은 호흡의 숫자를 세는 것입니다.

들숨 날숨을 하고 나서 한 번
다시 들숨 날숨을 하고 나서 두 번
이렇게 1에서 10까지 호흡의 수를 세고 나서
호흡의 숫자를 거꾸로 9, 8, 7, ⋯ 1로 내려오면서 세어봅니다.

호흡을 하면서 숫자를 놓치면
다시 처음으로 돌아가 숫자 1부터 시작을 합니다.

이렇게 10까지의 숫자 세기가 안정이 되면
이제 10까지 숫자를 3회 정도 반복해 봅니다.

수식관 명상은
호흡의 숫자에 마음을 집중하게 되어
떠오르는 생각을 멈추는 데 도움이 됩니다.
그러므로 생각이 많아 마음이 불안한 사람에게
마음의 안정을 줄 수 있습니다.

ABC 이론

인지행동치료에 ABC 이론이 있습니다.

일어난 사건(A)에 대해 부정적 생각(B)이
결과적인 행동(C)을 만든다는 것입니다.

그러므로
인지행동치료는 부정적 생각을 긍정적으로 변화시킴으로써
행동을 변화시키는 치료법인 것입니다.

명상치료는
일어난 사건(A)에서 행동(C)을 일으키는
부정적 생각(B)을 변화시키는 것이 아니라
행동(C)을 일으키는 원인요소인 생각(B)을 멈추어서
행동(C)을 일어나지 않게 하는 것입니다.

생각을 멈추는 법

생각을 멈추는 방법에는 여러 가지가 있습니다.

생각이 일어날 때 생각이 일어남을 알아차리고
마음을 심장에 집중하고 "생각~ 생각~ 생각~"이라고 되뇌입니다.
그러면 호흡이 선명하게 드러나면서 생각이 멈추어집니다.

또 다른 방법은 생각이 일어날 때 생각이 일어남을 알아차리고
의도적으로 마음을 아랫배의 호흡으로 되돌립니다.
그러면 생각이 멈추어집니다.

그러나
반추적 사고가 강렬하게 일어나면
그 생각이 너무나 강렬해서 생각은 멈추어지지 않습니다.
이럴 때
생각을 멈추는 두 가지의 방법이 있습니다.

하나의 방법은
"옴마니반메훔"을 주문을 외우듯이 소리 내어 외우고

그 소리에 귀를 기울이는 것입니다.
생각이 강렬하면 그 소리를 더욱 크고 빠르게 외우고
그 소리에 귀를 기울입니다.
자신의 소리에 집중하면 생각이 멈추어집니다.

또 하나의 방법은
그때 느껴지는 몸 느낌에 집중해서 느낌을 관찰해보는 것입니다.
오롯이 몸의 느낌에만 집중하여
몸의 느낌을 바라보면 생각이 멈추어집니다.

2차 화살 (자책)

괴로움을 만나면

일반적으로 사람들은

괴로움과 싸우거나, 피하거나 합니다.

부처님께서는

괴로움을 화살에 비유하여

1차 화살은 맞더라도 2차 화살은 맞지 말라고 하셨습니다.

1차 화살은 외부에서 오는 괴로움의 감정이고

2차 화살은 어떤 사건을 보고

생각을 통해서 만들어지는

내면에서 일어나는 자책을 말합니다.

그러므로

2차 화살은

자신이 만든 것이기 때문에

자신이 해결해야만 하고, 해결할 수 있습니다.

2차 화살에 맞은 사람이
진정으로 괴로움에서 벗어나려면
괴로움에 머물러 괴로움을 해체해서 관찰하여
그때의 환경과 그때 가장 중요하게 여겼던 가치관이
지금의 환경과 지금의 가치관과 다름을 알고
그 상황에서의 선택이 최선이었음을 인정하는 것입니다.

그럼에도 불구하고 자책이 계속 일어난다면
고통의 근원이 어디 있었는지 찾아내어
그 고통의 실체를 이해하고 해결함으로써
괴로움으로부터 벗어날 수 있습니다.

생각과 사유

생각은 떠오르는 것입니다.

생각을 많이 한다는 것은
최초 떠오른 한 생각을 붙잡고
끊임없이 마음이 떠돌아다니는 것을 말합니다.

떠오르는 생각이
현재 자신이 생활하고 있는 시간으로부터
멀리 있으면 마음이 건강하지 않은 것입니다.
마치 발을 땅에서 떼고 있는 것과 같이 불안정합니다.

그러므로 생각은 떠오르는 순간 알아차리고
현재 하고 있는 행위에 마음을 돌려야 합니다.

사유는 의도를 갖고 하는 것입니다.

사유를 한다는 것은 관찰적 자아인 앎이
특정한 주제에 대해 현상을 해체해서 분석하는 과정입니다.

그러므로

사유를 한다는 것은

현재에 발을 딛고 지혜를 계발하는 활동입니다.

공감과 자비

공감을 하기 위해서는
상대의 마음이 어떤지 마음 현상을 해체해서
구석구석 거울처럼 비추어 보아야 합니다.

그렇게
거울처럼 구석구석 비추어 보다 보면
상대가 느끼고 있는 마음이 어떤지
그 마음에 대한 깊은 이해가 생기고
그 이해를 바탕으로
상대가 느끼는 마음을 내가 똑같이 느끼는
그것을 공감이라 합니다.

그러므로 그때에 느끼는
자기 자신에 대한 공감을 자기 공감이라 하고
타인에 대한 공감을 타인 공감이라 합니다.

한편
자비는

상대와 똑같이 느끼는
공감이 이루어진 후에 나오는
연민의 마음입니다.

그 마음이
자기 자신에 대한 연민에서 나오는 마음일 때 자기 자비라 하고
타인에 대한 연민에서 나오는 마음일 때 타인 자비라 합니다.

지혜와 자비

지혜와 자비는 두 개의 수레바퀴입니다.

지혜는 자기 수행을 통해 얻게 되는 깨달음입니다.
글을 읽어서 얻는 깨달음
사유 작업을 통해서 얻는 깨달음
수행을 통해서 얻는 깨달음
깨달음이란 올바르게 보는 눈을 얻는 것입니다.

자비는 자신과 타인에 대한 자애와 연민입니다.
자비를 실천하기 위해서는
마음에 일어나는 느낌에 대해 잘 알아차리고
그때 일어난 그 느낌의 존재를 인정하고
자신과 타인의 마음에 대한 깊은 이해가 있어야 하며
그리고 그 마음에 일어나는 존재를 수용해야 합니다.
즉,
자비는 자신과 타인에 대한 공감과 연민에서 나오는 마음입니다.

2장

위빠사나에 기반한 통합수용치료

욕망에 대한 집착이 괴로움입니다.

집착을 놓아버림으로써 자유로워질 수 있습니다.

이론적 배경

위빠사나 명상 수행원리의 핵심은

마음에서는 마음 현상의 해체와 알아차리고 반응하지 않는 것이며

몸의 느낌에서는 **알아차림**과 **평정심**입니다.

접촉(觸)-느낌(受)-갈애(愛)-취착(取)

12연기의 촉觸-수受-애愛-취取에는
고집멸도의 성스러운 네 가지 진리인 사성제와
바른 수행으로써 괴로움을 소멸하는
팔정도의 수행법이 담겨 있습니다.

괴로움은
대상과의 접촉에서 행동이 일어나기까지의
일련의 마음 현상들에 의한 것이며
괴로움의 원인은
대상과의 접촉으로 인해 일어나는
느낌에 대한 갈망에의 집착이며
괴로움의 소멸은
대상과의 접촉 후에 일어나는 느낌을 알아차려서
그 느낌에 반응하지 않음으로써 갈망으로 넘어가지 않는 것입니다.

조건 지어져 일어난 모든 것은 사라집니다.
괴로움을 소멸하는 수행법인 팔정도는
그때 몸에서 일어나는 느낌을 알아차리고

평정심을 갖고 느낌에 반응하지 않음으로써
갈망이 일어나지 않도록 하는 것입니다.

심리학적 관점에서 보면
12연기의 촉觸-수受-애愛-취取에는
대상과의 접촉에서 마음의 괴로움이 일어나며
마음 현상과 몸의 느낌을 대상으로 하여
위빠사나 수행원리인 대상의 해체, 알아차림, 평정심을 이용한
심리치료의 모든 것을 포함하고 있습니다.
대상과 접촉될 때 반드시 일어나는 마음 현상인
감정, 인식, 의도를 알아차리고 반응하지 않으면
상황과 대상에 대한 있는 그대로의 마음 현상이
인지적으로 수용이 되고
감정이 일어날 때 몸의 느낌을 알아차리고
평정심을 갖고 느낌에 반응하지 않음으로써
상황과 대상에 대해 정서적으로 수용이 되어
인지와 정서의 통합수용치료가 됩니다.

12연기의 촉-수-애-취에는
사성제와 팔정도가 모두 포함되어 있을 뿐만 아니라
심리현상과 심리치료의 모든 것도 포함되어 있습니다.

세상

"세상"이라고 하는 것은
눈, 귀, 코, 혀, 몸, 생각의 여섯 감각기관과
물질, 소리, 냄새, 맛, 촉감, 현상의 여섯 대상의
12처處라고 하는 '있는 그대로의 세상'입니다.

12처에 의식이 만나면 18계界가 됩니다.
이것이 우리가 인식하는 세상입니다.
즉, 각자가 바라보는 '주관적 세상'인 것입니다.

사람

사람은
몸과 마음으로 이루어져 있습니다.

몸과 마음은 호흡으로 연결되어 있어서
몸이 피곤하면 마음도 지치고
마음이 힘들면 몸도 지치게 됩니다.

이렇듯
몸은 마음에
마음은 몸에
상호 영향을 주고 있습니다.

마음

마음은

모양도 색깔도 그 어떤 형태도 없지만

대상과의 접촉이라는 조건에 따라 일어났다가 사라지는

대상을 알아차리는 의식(알음알이)

대상을 이해하고 받아들이는 인식

인식으로 인해 일어나는 감정

인식, 감정을 제외한 기타의 마음 현상들

즉, 알음알이와 마음 현상들을 마음이라 지칭합니다.

이렇듯

마음을 뭉뚱그려 개념화된 언어로 규정하면

마음의 본질을 알 수가 없습니다.

마음을 알음알이와

감정, 인식, 의도, 집중, 고요함, 지혜 등

조건에 따라 일어나는

마음 현상들로 해체해서 바라보면

그 실상을 분명하게 알 수 있습니다.

유식唯識에서는

이러한 마음 현상들을 51가지로 나누고 있으며

이 중에 알음알이가 일어날 때

반드시 일어나는 마음 현상으로

접촉, 주의를 기울임, 인식, 감정, 의도가 있습니다.

그러므로

반드시 일어나는 마음 현상을 비롯하여

마음 현상들을 해체해서 바라보는 것은

있는 그대로의 실상을 분명하게 알기 위해 매우 중요합니다.

마음 관찰(반조) 명상

마음을 대상으로 관찰하는 수행에는
과거에 경험한 내용을 머리에 떠올려서 수행하는
반조와 같은 수행 방법이 있습니다.

반조는 유식唯識에서 수행하던 방법으로
명상수행 중에 떠오른 장면을
명상이 끝난 후 조용히 앉아서
그 장면을 떠올려 돌이켜 살펴보는 것입니다.

수행자가 수행 중 떠오른
자신의 과거 경험을 머리에 떠올려서
어떤 감각기관에 어떤 자극이 접촉되었는지
대상에 접촉이 될 때 반드시 일어나는 마음 현상인
인식, 감정, 의도를 비롯하여
느낌의 반응으로서 집착을 유발하는 갈망과
또 다른 마음 현상들을 해체해서
알아차리고 반응하지 않는 것입니다.

이렇게 자신의 마음 현상들을 해체해서 살펴보면
자신의 행동에 대해 자기 성찰이 일어나서
스스로 자기 이해가 되고 자기 통찰이 일어나며
자기 공감, 자기 수용이 되어집니다.
즉,
반조는 자기치유의 수행인 것입니다.

그러므로
치유를 위한 '마음 관찰 명상'의 핵심은
마음 현상의 해체와 알아차리고 반응하지 않는 것입니다.

몸 느낌

감각기관과 대상과 의식이 만나면
먼저 의식이 그 대상을 인식하고
무의식의 모든 정보를 이용, 판단하여
마음에는 감정이 일어나고
그 감정이 몸에는 느낌으로 올라옵니다.
이것이 느낌의 발생입니다.

느낌에는
즐거운 느낌, 괴로운 느낌, 무덤덤한 느낌의 세 가지가 있습니다.

즐거운 느낌에는 탐하는 마음(貪)이 일어나고
즐거움이 유지되기를 갈망합니다.
괴로운 느낌에는 혐오와 짜증(瞋)이 일어나고
괴로움이 사라지기를 갈망합니다.
무덤덤한 느낌에는 지루함(痴)이 일어나고
재미있는 것을 갈망합니다.

느낌은 갈망을

60

갈망은 집착을
집착은 행위를 만들어 냅니다.

그러므로
느낌은 행위를 일으키는 힘이며 종자입니다.
느낌이 갈망으로 가게 되면 행위를 일으키지만
느낌이 갈망으로 가기 전에 소멸되면
행위가 일어나지 않게 됩니다.

느낌은 행위를 일으키는 힘인 종자이며 원인입니다.
종자가 싹을 틔우기 전에 태워 없애버림으로써
행위가 일어나는 것을 방지할 수 있습니다.

느낌은 행위의 원인이므로
느낌을 소멸시킴으로써 윤회의 고리를 끊을 수 있습니다.

몸 느낌 관찰 명상

마음에 감정이 일어나면
이어서 몸에는 느낌이 일어납니다.

몸에서 느낌의 생성과 소멸을 관찰하는 것은
느낌의 일어남과 사라짐을 보는 것으로
이것은 무상을 보는 것입니다.

몸에 느낌이 일어날 때
느낌을 알아차리지 못하면
갈망과 집착이 일어나서 행위를 하게 됩니다.
그러므로
몸의 느낌이 갈망으로 마음이 넘어가지 않도록
그 느낌을 알아차려서 행위를 멈추어야 합니다.

몸의 느낌을 소멸시키기 위해서는
느낌이 올라올 때 마음에는 평정심을 갖고
느낌에 대해 탐하거나 제거하려는 어떤 의도도 없이
생각과 판단을 멈추고 단지 바라보는 것입니다.

그러면 일어난 느낌은 결국 사라집니다.
이것은 자연의 법칙이며 무상을 보는 것입니다.

'몸 느낌 관찰 명상'에서 가장 중요한 것은
느낌의 일어남을 알아차림하는 것과
느낌의 소멸을 위해 평정심을 갖는 것입니다.

그러므로
알아차림과 평정심이 몸 느낌 관찰 명상의 핵심입니다.

결국
감정에서 몸의 느낌이 일어나므로
몸에서 느낌이 사라지면 감정 또한 사라지게 됩니다.

2

위빠사나에 기반한 심리치료

위빠사나 명상에 기반한 심리치료는

인지수용치료, 정서수용치료, 행동치료, 역동치료 기법이 가능합니다.

위빠사나에 기반한 심리치료

위빠사나에 기반한 심리치료는
대상에 머물러 변화를 관찰함으로써 지혜를 계발하는
위빠사나 명상의 수행원리에 근거한 치료기법입니다.
현상의 본질을 보기 위한 위빠사나 명상의 구체적 방법으로
대상의 해체, 알아차림, 평정심을 핵심으로 하고 있습니다.

관찰의 대상으로는
네 가지 알아차림 명상의 대상
즉 몸, 느낌, 마음, 법 중
몸의 느낌과 마음을 대상으로 합니다.

12연기 중 촉-수-애-취의 단계를 보다 상세하게
접촉에서 행위가 일어나기까지의 마음 현상을 살펴보면
접촉 – 주의 기울임 – 지각 – 분석 – 판단 – 인식 – 감정(= 몸 느낌) –
(반응으로서) – 갈망/혐오 – 집착 – 의도 – 행위가 일어납니다.

이것은
감각기관과 대상의 접촉이 일어나면

의식은 대상에 주의를 기울여서 대상을 지각하고

무의식의 모든 정보를 이용하여

대상을 분석하고 판단하여 인식합니다.

이러한 인식의 결과로 감정이 일어나고

감정은 몸 느낌으로 나타나며

몸 느낌의 반응으로 갈망과 혐오가 일어납니다.

갈망이 강렬해지면 집착이 일어나고

집착이 과도하게 되면 행위를 위한 의도가 일어나서

의도는 결국 업이 되는 행위를 유발합니다.

이러한 접촉에서 행위가 일어나는 단계 속에서

마음 현상을 관찰하기 위해

유식에서는 대상과의 접촉에서 반드시 일어나는 마음 현상인

대상에 대한 인식, 감정, 행위를 일으키는 의도를

구체적으로 해체해서 물어서 찾아보도록 하여

스스로 그 상황에서의 마음 현상을 알아차림하도록 돕습니다.

감정의 결과로 나타나는 몸의 느낌에 대해서는

몸에서 느낌이 일어날 때 느낌을 알아차리고

평정심을 유지하여

몸의 느낌에 반응하지 않음으로서

몸의 느낌을 스스로 소멸시켜

업이 되는 행위를 일으키지 않습니다.

위빠사나에 기반한 인지 · 정서 통합수용치료는
구체적 사례를 갖고 그 상황을
재경험함으로써 치료를 하는 기법입니다.

구체적 사례를 머리에 떠올려
그 장면을 바라보면서
그 상황에서 불편함을 느끼는 접촉된 감각기관을 찾고
반드시 일어나는 인식, 감정, 의도 등 마음 현상을
해체해서 알아차리면 수용이 됩니다.

또한
감정이 일어날 때
몸의 어느 부위에 어떤 느낌이 일어나는지 알아차리고
평정심을 유지하면서 그 느낌을 지켜봄으로써 수용이 됩니다.

이처럼
위빠사나 명상을 이용한 심리치료는
몸과 마음을 통합하여
마음 현상과 몸의 느낌을 관찰함으로써 심리치료를 하는
"인지·정서 통합수용치료"입니다.

내가 인식하는 세상

눈, 귀, 코, 혀, 몸, 마음이라는 감각기관과
물질, 소리, 냄새, 맛, 촉감, 법이라는 대상이
있는 그대로의 세상입니다.

이러한
감각기관, 대상과 의식이 접촉될 때
우리가 인식하는 세상이 됩니다.

우리가
세상이라고 하는
이 우주는 하나이지만
이 세상엔
사람 수만큼의 소우주가 있습니다.

그것은
우리들 각자가 경험한 세상이 다르기 때문에
그것을 통해 확립된 가치관과 신념으로
세상을 자신의 관점에서 바라보기 때문입니다.

내가 인식하는 인간

명상치료에서 인간을 바라보는 관점은
인간은 완전한 존재라는 것입니다.

인간이 현재의 괴로움을 겪는다는 것은
과거 자신의 행위로 인한 경험으로 인해
현재 나타나는 현상을
왜곡되게 바라본다는 것입니다.

마치
밤길에 새끼줄을 밟고
뱀으로 잘못 인식하여
뱀을 밟았다고 놀라는 것과 같습니다.

그러므로
분별의 생각을 멈추어서
새끼줄을 새끼줄인 줄 알고
새끼줄을 있는 그대로 바라보면
뱀이라는 두려움으로부터 벗어날 것입니다.

이렇듯

그 현상을 분명하게 바라보면

지금의 현상은 단지 현상 그대로 존재하고

자신의 생각이

상황을 왜곡되게 바라보게 한다는 것을 알게 됩니다,

몸과 마음의 연결 1

몸과 마음은 연결되어 있습니다.

어떤 불편한 상황과 마주하게 되면
마음에는 상황에 대한 인식, 의도하는 마음이 있고
또한 화, 우울, 불안과 같은 감정이 있습니다.
이러한 마음과 함께
몸의 한 곳에는 그런 정서의 느낌이 자리를 잡습니다.

먼 훗날 과거의 그 불편한 상황을 머리에 떠올리면
그때의 불편했던 느낌이 몸에서 다시 살아납니다.

이는
마음은 장면을 기억하지만
몸은 정서를 기억하고
서로 연결되어 있기 때문입니다.

몸과 마음의 연결 2

몸과 마음은 연결되어 있습니다.

어떤 상황에 대하여
마음은 그 상황에 접촉한 장면을 기억합니다.
그리고 그것에 대한 상황을 인식합니다.

반면 몸은 정서를 담고 있습니다.
그 상황에서 인식된 감정은
몸에 또 다른 느낌으로 다가와 있습니다.

불안은 가슴에 콩닥거림으로
수치심은 몸에 돋아나는 땀으로
우울은 온몸에 무거움으로
화는 몸의 열기로…

우리가 경험한 모든 것은 몸에 흔적을 남기고 갑니다.
그 흔적이 정서의 느낌으로 몸에 남아 있습니다.

마음이 인식하는 감정이 무엇인지 이름을 붙이고
그 이름으로 몸에 나타나는 느낌에 이름을 붙이고
생각과 판단을 멈추고 오롯이 느낌에만 집중해서
그 느낌을 호흡을 하면서 관찰해봅니다.

몸의 느낌의 변화가 정서의 변화가 됩니다.

때로는 몸의 느낌이 먼저 다가올 때도 있습니다.
그럴 때는 몸의 느낌에 먼저 이름을 붙이고
몸의 느낌이 무엇을 의미하는지 찾아봅니다.
이 느낌이 뭐지?
그것을 찾는 순간 느낌은 사라집니다.

이미 나는 자유로워졌습니다.

몸과 마음의 역할

우리는 몸과 마음으로 이루어져 있습니다.

마음은 대상을 인지하는 기능을 갖고
몸은 그때의 정서를 담고 있습니다.

감각기관과 대상, 의식이 접촉되는 순간

마음에는
감정과 인식과 의도 등이 일어납니다.
접촉 상황에서의 대상과
감정, 인식, 의도가 한 덩어리가 되어
감정이 중심이 되어 버립니다.

몸은 마음이 인지한 정서를 담고 있습니다.
마음에 감정이 일어나면
몸에도 반드시 그 감정을 수반한
몸의 반응이 일어납니다.
그 느낌이 몸의 정서적 반응입니다.

위빠사나 명상으로 치유하기

위빠사나 명상으로 치유를 한다는 것은
대상을 해체해서 바라보는 것입니다.

마음에는
마음 현상들이 일어날 때
반드시 일어나는 감정, 인식, 의도 등으로
마음을 해체해서 바라봅니다.

몸에는
몸에서 느껴지는
몸의 느낌, 강도, 모양, 크기, 색깔, 촉감 등으로
그 느낌을 해체해서 바라봅니다.

마음에서
일어나는 정확한 감정을 알아차리고
그 상황을 어떻게 이해하고 받아들였는지
그때 하고 싶었지만 하지 못한 의도를 알고 표현하게 되면
그때의 마음이 수용이 되어 치유가 됩니다.

또한

몸에서 느껴지는 느낌을 정확히 알아차리고

그 느낌의 존재를 인정하고

생각과 판단을 멈춘 상태의 평정심을 갖고 느낌을 관찰하면

그 느낌이 수용이 되어 치유가 됩니다.

이것이 위빠사나 명상으로 치유하는 것입니다.

위빠사나 명상에 기반한 심리치료 기법

위빠사나 명상에 기반한 심리치료로는
인지수용치료, 정서수용치료, 행동치료, 역동치료 기법이 가능합
니다.

이러한 치료 기법을
크게 마음과 몸의 느낌으로 나누어서
의식이 일어날 때 반드시 일어나는 마음 현상인
감정, 인식, 의도를 함께해서 인지수용치료로 살펴볼 수도 있고
마음 현상을 감정, 인식, 의도로 해체해서
각각의 마음 현상에 대해
정서, 인지, 행동 치료로 살펴볼 수도 있습니다.
또한 마음 현상 중 감정이 일어날 때 몸의 느낌을 관찰하는
정서수용치료로 살펴볼 수도 있습니다.

위빠사나 명상에서의 역동치료는
감각기관이 대상과 접촉될 때 반드시 일어나는 마음 현상 중
감정과 몸의 느낌을 기준으로 하여
현재에서 과거의 유사한 경험을 찾아가서

과거 장면에서의 마음 현상과 몸의 느낌에 대해
인지와 정서를 수용하여 치료하는 것입니다.

위빠사나 명상에 기반한 심리치료는
하나의 사례에 대하여 인지와 정서를 다루는 치료인
인지수용치료와 정서수용치료가 반드시 이루어지기 때문에
이것은 인지정서 통합수용치료인 것입니다.

또한 치료 과정 중에
사건을 부분적으로 적용하는 행동치료와 역동치료에서
행동치료는 어린 시절 억압된 상황에 대해서 주로 행해지고
역동치료는 현재 나타나는 정서적 불편감이
과거의 어떤 경험으로부터 비롯되었는지를 찾아서 치료하는 데 사
용됩니다.
또한 타인에 대해서 역동을 일으키는 투사의 근원은
현재와 과거의 장면을 두 개의 스크린으로 비교하면서
두 장면의 공통점을 찾아봄으로써 알 수 있습니다.

위빠사나 명상에 기반하여 심리치료를 한다는 것은
어떤 치료기법이 되었건 정서가 치료되어
대상과 접촉된 상황에 대해 왜곡된 시각을 버리고
대상을 있는 그대로 보게 된다는 것입니다.

위빠사나 명상에 기반한 인지수용치료

위빠사나 명상에 기반한 인지수용치료는

먼저 마음이라는 큰 영역에서 살펴보면
감각기관이 대상과 접촉될 때
의식과 함께 반드시 일어나는 마음 현상인
감정, 인식, 의도 모두에 대해
일괄적으로 마음을 분석하듯이 살펴보고
그때의 마음이 어떤 마음인지 이해하고 받아들여서
있는 그대로의 마음을 수용하는 인지수용치료입니다.

보다 좁은 영역에서
반드시 일어나는 마음 현상 중에
인식에 대해 보다 세밀하게 살펴보는 것으로
그 상황을 어떻게 인식하고 있는지
그 인식은 자신에게 어떤 의미인지를 살펴보면
그 상황에 대해 이해하고 받아들일 수 있게 되며
그로 인해 자신의 마음에 대해 공감이 일어납니다.
이것이 인지수용치료입니다.

위빠사나 명상에 기반한 정서수용치료

위빠사나 명상에 기반한 정서수용치료는

감각기관이 대상과 접촉될 때
반드시 일어나는 감정, 인식, 의도의 마음 현상 중에
감정을 살펴보는 것입니다.

그 상황에서 일어나는 핵심 감정을 찾고
그 감정의 강도는 어느 정도가 되는지 살펴보고
그 감정이 몸의 어느 부위에 어떤 느낌으로 있는지 찾아서
그 느낌의 강도는 어떻게 되는지
그 느낌의 모양, 크기, 촉감, 색깔, 무게 등에 대해 살펴보면서
생각과 판단을 멈추고
느낌에 반응하지 않고 고요히 평정심을 유지하면서
몸의 느낌에만 머물러서 관찰하면
서서히 몸의 느낌이 변화되어 사라지게 됩니다.

몸의 느낌이 사라지면 감정도 사라지게 됩니다.
이것이 정서수용치료입니다.

위빠사나 명상에 기반한 행동치료

위빠사나 명상에 기반한 행동치료는

감각기관이 대상과 접촉될 때
반드시 일어나는 감정, 인식, 의도의 마음 현상 중에
행동이 일어나기 전에 일어나는 마음 현상인
의도를 살펴보는 것입니다.

과거의 경험에 대한
의도를 살펴본다는 것은
과거의 두려움과 직면하는 것을 의미합니다.
그것은 결코 쉬운 일은 아니지만
반드시 극복해야 하는 과정이기도 합니다.

과거의 상황에서
그때 어떻게 하고 싶었는지 의도를 찾아보지만
지금 떠올려도 그 장면이 무서워서 회피하고 싶다면
성인인 지금이라면 그 장면 속에서
어떻게 하고 싶은지를 찾아봅니다.

그때는 무서워서 하지 못했던 그 의도와
그 상황을 이해하고 받아들인 인식과
그 인식이 자신에게 어떤 의미였는지를
지금 여기에서 언어로 표현하게 되면
그것이 두려운 것이 아니었다는 것을 자각하게 되고
상대에 대한 두려움의 정서가 점차 사라져서
행동을 변화시킬 수 있습니다.

이것이 의도를 표현하는 행동치료입니다.

위빠사나 명상에 기반한 역동치료

위빠사나 명상에 기반한 역동치료는

감각기관이 대상과 접촉될 때
반드시 일어나는 마음 현상 중에
감정과 몸의 느낌을 기준으로 하여
현재에서 과거의 유사한 경험을 찾아갑니다.

그렇게 찾아진 과거 장면과 현재 장면을
영화관에 앉아서 두 개의 스크린에 비추어 비교하면서
그 두 개의 장면에서의 공통점과 차이점을 찾아봅니다.
그 두 개의 공통점이 투사의 원인입니다.

예를 들어
귀에 들리는 높은 톤의 목소리라든가
눈에 보이는 굳은 표정 등이
투사를 일으키는 감각기관과 대상의 접촉입니다.

그리고

스크린에서 빠져나와 과거의 장면에 대해
인지, 정서, 행동을 살펴보고 치료하는 것이
위빠사나 명상에서의 역동치료입니다.

위빠사나 명상에 기반한 투사 찾기

위빠사나 명상에 기반한 투사 찾기는

먼저 감각기관이 대상과 접촉될 때
바로 그 접촉이 투사를 일으킵니다.
어떤 감각기관이 어떤 대상에 접촉되었을 때
감정을 일으키는 것이 투사입니다.

투사의 원인을 찾기 위해
현재의 감정과 몸의 느낌을 기준으로 하여
현재에서 과거의 유사한 경험을 찾아갑니다.
그렇게 찾아진 과거 장면과 현재 장면을
영화관에 앉아서 두 개의 스크린에 비추어 비교하면서
그 두 개의 장면에서의 공통점과 차이점을 찾아봅니다.

그 두 개의 공통점이 투사의 원인입니다.

예를 들어
귀에 들리는 높은 톤의 목소리

귀에 들리는 말의 내용

눈에 보이는 무시하는 듯한 눈빛

눈에 보이는 굳은 표정 등과 같은 것입니다.

재경험

위빠사나에 기반한
통합수용치료에서 가장 중요한 것은
지금 여기에서 이루어지는
과거에 대한 재경험입니다.

지금 여기에서의 재경험을 통해
그때의 마음 현상들을 해체해서 살펴보면
그 상황을 객관적으로 바라보게 되어
마음을 있는 그대로 볼 수 있습니다.

또한, 그때 일어난 정서의 결과인 몸의 느낌을 알아차리고
평정심을 갖고 몸의 느낌에 반응하지 않으면서
그 느낌에 머물러서 충분히 느껴보면
어느 순간 감정이 해소됨을 알 수 있습니다.

비록 과거의 경험은 바꿀 수 없지만
지금 여기에서 재경험을 통해
과거에 대한 인식과 정서는 바꿀 수 있습니다.

3

위빠사나에 기반한 통합수용치료

위빠사나에 기반한 심리치료는
마음 현상과 몸의 느낌을
있는 그대로 알아차리고 인정하여 수용하는
인지와 정서의 통합적 수용치료입니다.

상담형 위빠사나 명상의 개념적 정의

(Counselling Vipassanā Meditation)

상담형 위빠사나 명상은

마음을 대상으로 하여 관찰 명상을 하는
'상담형 마음 관찰 명상'과

몸의 느낌을 대상으로 하여 관찰 명상을 하는
'상담형 몸 느낌 관찰 명상'을 통합하여

과거의 한 사례에 대하여 장면을 떠올리고
그때의 마음 현상과 몸의 느낌을 대상으로 하여
순차적으로
관찰 명상을 이용하는 상담 기법입니다.

상담형 마음 관찰 명상의 개념적 정의
(상담형 마인드스캔: Counselling Mind Scan)

상담형 마음 관찰 명상은
명상을 이용하여 마음을 대상으로 관찰하는 상담 기법입니다.

먼저
상담자가 내담자에게 감정을 일으킨 장면을 머리에 떠올리게 한 후
그 장면에서 어떤 감각기관에 어떤 대상이 접촉되었는지
그때 일어난 감정, 인식, 갈망, 의도의 마음 현상에 대해
상담자가 묻고 내담자가 대답하며 마음 현상을 알아차림하는
위빠사나 명상을 이용한 상담 기법입니다.

상담형 몸 느낌 관찰 명상의 개념적 정의
(상담형 바디스캔: Counselling Body Scan)

상담형 몸 느낌 관찰 명상은
명상을 이용하여 몸의 느낌을 대상으로 관찰하는 상담 기법입니다.

상담자가 내담자에게 감정을 일으킨 장면을 머리에 떠올리게 한 후
그 장면에서 일어난 감정이
신체의 어느 부위에, 어떤 느낌이, 얼마의 강도로 있는지
상담자가 그 느낌에 대해 묻고
내담자가 그 느낌을 알아차리고 대답한 후
내담자가 스스로 평정심을 유지하면서
그 느낌에 머물러서 1분간 변화를 관찰하도록 한 후
그 느낌의 강도의 변화에 대해 상담자가 묻고
내담자가 답을 하면서 변화를 점검하는
위빠사나 명상을 이용한 상담 기법입니다.

그리고
느낌에 더욱 집중할 수 있도록 돕기 위해
느낌이 자신에게 어떤 이미지로 인식되고 있는지
느낌의 실체에 대해 보다 잘 이해할 수 있도록

느낌의 모양, 크기, 촉감, 색깔, 무게 등에 대해
상담자가 추가적으로 질문을 하고 관찰하도록 합니다.

상담형 위빠사나 명상은 통합수용치료

위빠사나 명상을 이용한 상담에서

인지를 치유하는 것은
마음 현상을 해체할 수 있는 것까지 해체해서
단지 마음 현상을 알아차리고 살펴보는 것입니다.

일어난 그때의 상황에서
"이런 감정이 있었구나."
"이렇게 인식하고 있었구나."
"이렇게 인식되는 것은 나에게 이런 의미였구나."
"이것을 바라고 있었구나."
"이렇게 하고 싶었구나." 하고
단지 알아차리고 이해하면 수용이 됩니다.

정서를 치유하는 것은
지금 여기에서 정서를 재경험하는 것입니다.

감정을 일으키는 불편했던 상황을 떠올리고

94

몸의 느낌을 알아차리고
평정심을 갖고 몸의 느낌에 머물러서
몸의 느낌의 변화를 관찰하는 것입니다.

이렇듯 명상을 이용한 상담은
인지와 정서를 동시에 치유하는
인지, 정서 통합수용치료입니다.

상담형 위빠사나 명상의 치료적 의미 1

상담형 위빠사나 명상에서는
치료의 3가지 의미를 찾을 수 있습니다.

역동의 뿌리로서의 감각기관
상황과 감정이 한 덩어리가 되는 마음
정서적 반응인 몸의 느낌입니다.

감각기관, 마음, 몸은
역동, 인지, 정서라는 형태로
서로 간에 찰나의 순간으로 연결되어
상호 순환적으로 작동합니다.

이러한 원리에 근거하여
명상치료를 한다는 것은
몸의 느낌이나 마음의 감정을 이용하여
역동으로 현재와 유사한 과거의 상황을 연결하여
두 장면에서 감각기관에 접촉된 느낌의 공통점을 찾고
인지적으로 감정, 인식, 의도를 상황과 분리시키고

정서적으로는 몸의 느낌을 관찰하여 정서를 약화시켜서
접촉의 순간 대상을 있는 그대로 보도록 하는 것입니다.

그러므로
명상치료는 역동을 활용하면서 인지, 정서를
동시에 치료하는 통합수용치료입니다.

상담형 위빠사나 명상의 치료적 의미 2

상담에서는
상담자가 내담자와 상담을 할 때
상담자가 질문하고 내담자가 답을 합니다.

상담형 위빠사나 명상은
마치 상담에서 상담자와 내담자의 대화처럼
상담 장면에서
잘 훈련된 명상 상담사가
내담자에게 명상을 시키면서 적절한 질문을 하고
내담자는 질문에 따라
마음 현상과 몸의 느낌을 찾아서 관찰하며 대답하는 것입니다.

상담형 위빠사나 명상은
일방적으로 진행하는 집단 프로그램의
교육적, 지시적 훈련을 운영하는 방식과 달리
관찰 명상을 개인 상담 영역으로 도입한 것에
큰 의미가 있습니다.

상담형 위빠사나 명상의 핵심

상담형 위빠사나 명상은
상담형 마음 관찰과
상담형 몸 느낌 관찰을 통합하여
감정을 일으킨 한 사례에 대해
마음 현상과 몸의 느낌을 함께 관찰하여
심리치료를 하는 명상입니다.

마음 현상 관찰 명상을 통해
인지적 수용치료를 하고
몸 느낌 관찰 명상을 통해
정서적 수용치료를 합니다.

그러므로
상담형 위빠사나 명상 치료는
마음과 몸을 통합하여 치료하므로
인지, 정서 통합치료 기법입니다.

상담형 마음 관찰 명상의 핵심

상담형 마음 관찰 명상에서는
내담자의 생각을 인위적으로 바꾸거나
그의 마음에 일부러 공감으로 반응하지 않아도 됩니다.

그것은
상담형 마음 관찰 명상이
관찰 명상의 핵심인
대상에 대한 해체와 알아차림
그리고 수용을 근간으로 하기 때문입니다.

상담자는
내담자의 말을 경청하고
그 장면에서 어떤 마음이 있는지
그 상황을 받아들이는 인식과
그때 그가 원했던 갈망과
그가 하고 싶었던 의도를 비롯한
여러 가지 마음 현상에 대해 해체해서 질문하여
스스로 그때의 마음 현상에 대해 알아차림을 하게 하고

그가 말한 마음을 재진술해 주는 것이 핵심입니다.
그리고
그의 마음이 충분히 이해가 되면 공감은 저절로 올라옵니다.

그러면 내담자는
그 상황에서 그가 느낀 마음을 알아차리고
다시 상담자가 재진술해 주는 말을 듣고
관찰적 자아로서 다시 바라보게 됩니다.
이러한 과정에서 내담자는
자기 이해, 자기 통찰, 자기 공감, 자기 수용이 되어집니다.

상담형 마음 관찰 명상은
마음의 현상을 구체적으로 해체해서 관찰하여
그때의 마음이 어떤 마음이었는지를 알아차려서
이해하고 수용하는 인지적 수용치료 기법입니다.

이것이
상담형 마음 관찰 명상의 핵심입니다.

상담형 마음 관찰 명상은 통합수용치료

상담형 마음 관찰 명상치료에서는
감각기관에 대상이 접촉될 때
반드시 일어나는 마음 현상인
감정, 인식, 의도를 해체해서 관찰하는 것입니다.

정서를 치료하는 것은
과거의 대상과 접촉된 장면에서
그 상황과 대상에게서 일어나는
핵심 감정이 무엇인지를 찾아보고
그 감정을 지금 여기에서 느껴보게 하는 것입니다.

인지를 치료하는 것은
과거의 대상과 접촉된 장면에서
그 감정을 느끼게 된 상황과 대상을
어떻게 이해하고 받아들이고 있는지를 찾아보고
그 상황과 대상을 지금 여기에서
객관적으로 바라보고 수용하게 하는 것입니다.

행동을 치료하는 것은

과거의 대상과 접촉된 장면에서

그 감정을 느끼게 된 대상에게

수동적 자세에서 무엇을 바랐는지를 찾고

그것을 요구해 보게 합니다.

그리고

그때는 상대가 무서워서 하지 못했지만

능동적 자세에서 어떻게 하고 싶었는지를 찾아서

그때 하고 싶었던 것을 표현하게 해 봅니다.

그것은

무서웠던 대상에게 억압된 마음을 지금 여기에서 표현해봄으로써

두려움으로부터 자유로워질 수 있습니다.

상담형 마음 관찰 명상에서

상황과 대상에 대한 핵심 감정과 인식을 찾아보고

갈망과 의도를 찾아서 억압된 마음을 표현하는 것은

인지, 정서, 행동을 통합으로 치료하는 방법입니다.

상담형 몸 느낌 관찰 명상의 핵심

상담형 몸 느낌 관찰 명상에서는
마음과 몸은 연결이 되어 있기 때문에
어떤 상황에서 일어난 감정을 조절하기 위해
감정과 연결된 몸의 느낌을 대상으로 하여
몸의 느낌을 관찰하여 치료하는 것입니다.

먼저
감정이 일어날 때 몸의 느낌과 강도 등을
내담자가 스스로 알아차릴 수 있도록
치료자가 묻고 내담자가 답을 하는 것입니다.

그리고
내담자가 생각과 판단을 멈추어서 평정심을 갖고
몸의 느낌에만 집중하여
그 느낌의 변화를 관찰하고 수용하는 것입니다.

이렇듯
생각과 판단을 멈추고 몸의 느낌을 바라볼 때

몸의 느낌의 강도가 낮아지면 감정도 가라앉게 됩니다.

상담형 몸 느낌 관찰 명상에서의 핵심은
몸의 어떤 부위에 어떤 느낌이 있는지
그 느낌에 대한 **알아차림**과
생각과 판단을 멈춘 **평정심**으로
몸의 느낌을 수용하는 것입니다.

이것은
관찰 명상의 핵심인 있는 그대로를 바라보는
수용을 근간으로 하기 때문입니다.

상담형 몸 느낌 관찰 명상은
마음에서 일어나는 감정이 몸의 느낌으로 반응하며
생각과 판단을 멈추고 몸의 느낌을 관찰함으로써
몸의 느낌의 강도가 낮아지면 감정이 감소하는
명상을 이용한 정서 수용치료 기법입니다.

이것이
몸 느낌 관찰 명상의 핵심입니다.

평정심 유지

상담형 몸 느낌 관찰에서는
알아차림과 함께 평정심을 유지하는 것이 중요합니다.
평정심은
감정의 기복이 없이 평안하고 고요한 마음입니다.

일반적으로
내담자는 생각이 많아
몸의 느낌에 집중해서 머무르기가 어렵습니다.

생각이 멈추어져야
평안하고 고요한 마음이 유지가 되어
몸의 느낌을 관찰하는 것이 가능하므로
생각을 멈추도록 하는 것이 중요합니다.

내담자가
몸의 느낌을 관찰하는 동안에
생각을 멈추어서 평정심을 가질 수 있도록
멘트를 해줍니다.

"생각과 판단을 멈추고 느낌에 집중합니다.
숨 들이쉬면서 느껴보고
숨 내쉬면서 느껴봅니다.
숨 들이쉴 때 느낌이 더 강한지
숨 내쉴 때 느낌이 더 강한지
호흡을 하면서 그 느낌을 지켜봅니다."

이렇게 함으로써
내담자가 평정심을 갖고
몸의 느낌에 머물러서 지켜볼 수 있습니다.

몸 느낌을 이용한 정서치료의 원리

최초에
감각기관과 대상과 의식이 접촉되면 느낌이 일어나고
이 느낌은
마음의 영역에서는 기분이라는 이름의 감정으로
몸의 영역에서는 느낌이라는 이름의 정서로
무의식에 저장이 됩니다.

다음에
동일 감각기관에 대상이 의식과 접촉되면
대상을 인식하고, 무의식에 저장된 모든 정보를 이용, 판단하여
새로운 감정이 일어나고 그것이 몸의 느낌으로 올라옵니다.

그리고
지금 여기에서
새로운 접촉을 통해 느낀 느낌과 강도가
새롭게 무의식에 저장이 됩니다.

그러므로

재경험을 통해 느낌의 강도가 변화되면
변화된 느낌과 강도가 무의식에 저장되고
새로운 접촉이 일어날 때
변화된 느낌과 강도가 올라옵니다.

이것이
몸 느낌을 이용한 정서치료의 원리입니다.

감각기관의 중요성

대상과 감각기관과 의식이 접촉될 때
느낌이 일어납니다.

우리를 기쁘게도 하고 불쾌하게도 하는 것은
눈, 귀, 코, 혀, 피부와 같은 감각기관과
대상과 의식이 만났을 때 받은
최초의 느낌이 의식에 저장이 됩니다.

이후 감각기관과 접촉된 유사한 경험을 만나게 되면
최초로 의식에 저장된 느낌이 올라오게 되고
새로운 대상과 감각기관과 의식의 만남으로
새롭게 생겨난 느낌이 다시 의식에 저장이 됩니다.

이러한 이유로
정신역동에서는 현재 불편함을 느끼는 것을
과거의 잠재의식에서 비롯되었다고 주장하고 있습니다.

그럼에도 불구하고

이제는 그 과거의 잠재의식 중에서
눈에 보이는 나를 바라보던 그 눈빛, 얼굴 표정이나 행동
귀에 들리는 목소리의 톤이나 내용 등
감각기관에 주의를 기울여 보아야 할 것입니다.

바로
대상을 보고 느낌을 일으키는 것은
감각기관과의 접촉이기 때문입니다.

투사와 역동의 뿌리

눈, 귀, 코, 혀, 피부와 같은
감각기관이 투사의 뿌리입니다.

최초에
감각기관과 대상과 의식이 접촉되면 느낌이 일어나고
이 느낌은 몸에 정서로 저장이 됩니다.

다음에
동일 감각기관에 유사한 대상이 의식과 접촉되면
과거에 몸에 저장되었던
그때의 정서가 느낌으로 올라옵니다.

그러므로
몸의 느낌으로 현재와 과거의 경험을 떠올려서
두 개의 스크린으로 두 장면의 공통점을 찾아보세요.
감각기관에 접촉된 두 장면의 공통된 대상이 있습니다.

이것으로

두 장면의 공통된 대상에 대해
감각기관과의 접촉으로 느낌이 일어나므로
감각기관은 투사와 역동의 뿌리입니다.

역동을 찾아가는 기준점

눈, 귀, 코, 혀, 피부, 생각과 같은 감각기관이
투사와 역동의 뿌리입니다.

최초에
감각기관과 대상과 의식이 접촉되면 느낌이 일어나고
이 느낌은 몸에 정서로 저장이 됩니다.

다음에
동일 감각기관에 유사한 대상이 의식과 접촉되면
과거에 몸에 저장되었던
그때의 정서가 느낌으로 올라옵니다.

그러므로 기억은
마음에는 그때 느꼈던 감정을
몸에는 그때 느꼈던 느낌을 일으킵니다.

현재에서 과거로, 과거에서 현재로
동일 감정을 일으킨 접촉 경험을 찾아가기 위해

마음 현상에서는 감정을 기준으로 경험을 찾아가고
몸에서는 몸의 느낌을 기준으로 경험을 찾아갑니다.

현재에서 과거로, 과거에서 현재로
역동을 일으킨 접촉 감각을 찾아가는 것은
마음 현상에서는 감정이고
몸에서는 몸의 느낌입니다.

상담형 몸 느낌 관찰 명상은 정서수용치료

심리학에는
정신분석, 개인심리, 인간중심, 인지치료, 행동치료 등
다양한 심리치료기법이 있습니다.

정신분석은 무의식을 의식화하여 정서를 치료하고
개인심리는 열등감을 극복하여 자기완성을 추구하고
인간중심은 경청, 공감, 수용을 통하여 스스로 성장하도록 돕고
인지치료는 역기능적 사고를 수정하여 정서적 불편감을 해소하고
행동치료는 행동을 변화시켜 감정을 조절하는 것입니다.
결국, 모든 치료는 정서를 치료하는 것입니다.

명상을 이용한 상담형 몸 느낌 관찰 명상은
상황에서 느끼는 정서를 알아차리고
그 정서가 일으키는 몸의 느낌을 관찰하면서
직접적으로 정서를 치료하는 기법입니다.

심리치료를 한다는 것은 정서를 치료하여
궁극적으로 행동을 바꾸는 것입니다.

명상의 치유적 효과 1

생각은 하는 것이 아니라 떠오르는 것입니다.
하루에도 수많은 생각이 떠오릅니다.
최초 한 생각이 떠오르면
그 생각을 붙잡고 꼬리에 꼬리를 무는 생각을 합니다.

때로는 과거에 이루지 못했던 후회하는 생각과
때로는 오지 않은 미래에 대한 걱정입니다.
이러한 생각들로 인해 많은 정신적 에너지가 소모되기 때문에
우리는 마음이 힘들다고 느끼게 됩니다.

명상을 한다는 것은
떠오르는 생각을 멈추는 것입니다.
생각을 멈추고 현재의 호흡에 머무르게 되면
더 이상 정신적 에너지를 쓰지를 않습니다.

그러므로
명상으로 마음의 편안함을 느낄 수 있습니다.
이것이 명상의 효과입니다.

명상의 치유적 효과 2

명상을 하루에 10분만이라도 꾸준히 지속하면
자신도 모르는 사이에 집중력이 많이 향상됨을 알 수 있습니다.

처음에는
호흡도 거칠고 생각도 많이 떠오르게 됩니다.
그러나 아랫배에 마음을 집중하고 꾸준히 노력하면
호흡은 부드럽게 안정이 되고 생각은 줄어듭니다.

생각이 줄어든다는 것은
일상생활 속에서 판단이 멈추어진다는 것입니다.
판단과 분별이 멈추어지면
어떤 상황에서도 그 상황을 왜곡하지 않고
상황을 있는 그대로 보는 힘이 생깁니다.

바로 실상을 분명하게 볼 수 있게 되는 것입니다.

관찰적 자아

마음에 한 장면을 떠올리면

그 장면을
바라보는 누군가가 있습니다.

그 장면 속에서의
감정과 생각 그리고 갈망을
알아차리는 누군가가 있습니다.

그리고
그때에 느껴지는 몸의 느낌을
알아차리는 누군가도 있습니다.

나의 감정, 생각, 몸의 느낌 등을
한 발 떨어진 객관적 위치에서
대상을 바라보고 알아차리고 있는 그것이
관찰적 자아입니다.

인식

인식은
상황을 어떻게 이해하고 받아들이는가 입니다.

어떤 상황에 마주하게 되면
그 상황을 자신의 경험, 신념, 가치관에 의해서
판단하고 이해하여 받아들입니다.

상황에 대한
인식 전에 일어나는 판단이
있는 그대로의 상황을
왜곡하여 받아들이게 합니다.

때로는 긍정적으로
때로는 부정적으로
때로는 무심하게…

상황에 대한 왜곡된 인식이 감정을 일으키고
감정을 일으킨 인식의 바탕에는

자신에 대한 어떤 의미를 내포하고 있습니다.
그 의미를 아는 것이
그 상황에 무의식적으로 반응하는
마음을 알게 되는 것입니다.

상황을 올바르게 이해하는 것은
있는 그대로를 보는 것입니다.
있는 그대로 본다는 것은
상황에서 한 발 떨어져서
객관화가 되어 바라보는 것입니다.

상황과 떨어져서 객관적 관점이 되어
있는 그대로의 현상을 볼 수 있을 때
그 상황에서 왜 그런 마음이 들었는지
'아~ 그래서 그랬구나~' 하고
자신의 마음을 이해하고 받아들이게 됩니다.

갈망

갈망은 상대에게
무엇인가를 애타게 바라는 마음입니다.

자신의 애타는 바람이
상대에게 거부당했을 때
그 바람은 원망으로 남습니다.

바라는 마음은 원망의 마음을 만듭니다.

상처받은 마음을 치유한다는 것은
그때 자신이 애타게 바랐지만
상대에게 거부당했던 그 상황을
어떻게 이해하고 받아들였는지
그것은 자신에게 어떤 의미를 갖는지
상대는 그때 어떤 마음이었는지를
구체적으로 해체해서 살펴보는 것입니다.

바라는 마음은 원망의 마음을 만들고

그 상황을 바라보았던 인식을 알아차리는 것은
상처를 치유하는 길입니다.

바라는 마음 없이 행하는 행위야말로
진정으로 자유로운 길입니다.

의도

의도는
능동적으로 행동하고자 하는 마음입니다.

하고자 하는 자신의 의도가
상대에게 거부 당했을 때
그 의도는 상처로 남습니다.

의도는 두려운 대상에게
심리적으로 자신의 마음을 억압하고
상황이나 대상을 회피하는 행동을 합니다.

의도의 실패는 상처로 남게 되고
하고자 한 의도가 강하면 강할수록
그것은 더욱 더 깊은 상처로 남습니다.

때로는 애정 결핍으로
때로는 존재의 거부감으로
때로는 또 다른 어떤 것으로…

의도를 가진 마음은 상처의 뿌리입니다.

상처받은 마음을 치유한다는 것은
그 상황에서의 핵심 감정인 두려움을 찾아서
상대에 대한 두려움으로 인해 표현하지 못한
그때 또는 지금이라면 어떻게 하고 싶은지
그 의도를 지금 여기에서 표현함으로써
두려움으로부터 벗어날 수 있습니다.

의도의 마음이 상처의 뿌리이기 때문에
그 상황에서 하지 못했던 의도를
지금 여기에서 표현함으로써
상처를 치유할 수 있습니다.

두려움에 직면하여 표현하는 것이
진정한 치유이며 자유의 행위입니다.

탈융합

융합은
둘 이상의 요소가 합쳐져
하나의 통일된 감각을 일으키는 일이라고 합니다.

일반적으로 사람들은
어떤 상황에 접하게 되면 사건과 감정, 인식, 의도가
한 덩어리가 되어 버립니다.

탈융합은
그 사건에서
한 발 떨어진 관찰적 자아의 위치에서
사건과 감정, 인식, 의도를 분리하여
객관적으로 바라보는 것입니다.

개념화된 언어

대상을 바라보고
상相을 일으킨다는 것은
그 대상에 이름을 부여하여
그 대상을 개념화된 언어로 인식하는 것입니다.

이렇게
대상에 이름을 붙이는 것은
그 대상을 언어로써 규정하는 것입니다.

이러한
개념화된 언어는 진실이 아니어서
대상을 있는 그대로 볼 수 없습니다.

그러므로
대상을 언어로써 규정하지 않고
대상을 해체해서 바라보면
대상을 있는 그대로 바라볼 수 있습니다.

자극과 반응 사이

감각기관을 통해 자극이 들어오면
때로는 무의식적으로 즉시 반응을 하기도 하고
때로는 의식적으로 조금 늦게 반응을 하기도 합니다.

즉, 자극과 반응 사이에는 여유 공간이 있습니다.
그 공간이 좁으면 무의식적으로 즉시 반응을 하게 되고
공간이 넓으면 의식적으로 선택적 반응을 하게 됩니다.
바로 이 선택이 우리의 삶의 질을 결정한다고
빅터 플랭클은 말합니다.

그럼 자극과 반응 사이의 간격은 어떻게 넓힐까요?

그것은 감각기관에 대한 알아차림 연습을 강화하여
감각기관을 통해 자극이 들어올 때
자극이 들어오는 것을 알아차리는 것입니다.
즉, 눈에 보이는 것은 눈에 보인다고 알고,
귀에 들리는 것은 귀에 들린다고 아는 것입니다.
생각과 판단을 멈추고 오로지 알아차림만 하는 것입니다.

이렇듯
감각기관과 대상이 접촉되는 것을 알아차리는 연습이 강화되면
마음에서 일어나는 감정, 생각, 갈망을 알아차리기가 쉬워집니다.

이제
자극이 들어오면 마음에 감정이 일어나는 것을 알게 됩니다.
마음에 감정이 일어날 때 감정이 일어남을 알아차리고
의식적으로 깊게 숨을 들이쉬고 내 쉬어보세요.
자극과 반응 사이에 마음의 공간이 생기는 것을 알게 될 것입니다.

그리고 그때 어떻게 행동할지를 선택하고 행동합니다.

판단중지와 수용

명상치료는

불편했던 상황에서
어떤 장면이 나를 불편하게 하는지
어떤 감각에 접촉될 때 불편을 느끼는지
그때의 감정, 인식, 의도, 갈망이 무엇인지 분명히 알고

그 감정이 떠오를 때
몸에 느껴지는 느낌이 무엇인지를 알고
그때의 느낌의 강도가 어느 정도인지
생각과 판단을 멈추고 호흡을 하면서
그 느낌이 어떻게 변화되는지 관찰하는 것입니다.

즉, 명상치료의 핵심은

불편한 상황에서
어떤 감각의 접촉에서 불편을 느끼는지
그때 불편하게 느껴지는 감정, 인식, 의도, 갈망 등

마음 현상이 무엇인지 해체해서 알아차리고
그 감정이 몸의 어느 부위에 어떤 느낌인지 알아차리고
그것의 강도는 어느 정도인지
그 느낌이 어떻게 변해 가는지를 알아차리고
생각과 판단을 멈추어서 평정심을 유지하여
단지 바라보고 수용하는 것이 핵심입니다.

감정 수용하기

심리치유를 한다는 것은
그 상황에서의 감정을 알고
그때의 감정을 수용하는 것입니다.

일반적으로
상황과 감정, 인식, 의도 등의 마음 현상이 하나가 되어
자신도 모르게 감정에 휩싸이게 됩니다.

특정 상황에서 감각에 접촉된 대상
혹은 떠오르는 과거의 생각 속에서의
경험했던 대상에 대한 감정

그 감정을 기준으로
감정을 일어나게 한 인식
하고 싶었지만 하지 못했던 말 등
그때의 마음 현상을 해체해서 살펴봅니다.

마음 현상을 구체적으로 해체해서 살펴보면

그때의 감정이 일어난 상황을 이해하게 되어

"그래서 이런 감정이 들었구나."라고

그때 일어난 감정을 수용하게 됩니다.

4)

통합수용치료 방법 및 사례

명상치료는

마음에서는 마음 현상을 해체해서 알아차리고 수용하며

몸에서는 몸의 느낌을 알아차리고 수용하는 것입니다.

명상치료의 방법

명상치료는 명상을 하면서
눈을 감고 불편했던 장면을 떠올려서
재경험을 하는 것입니다.

불편했던 장면에서 무엇이 나를 불편하게 하는지
그것이 눈에 보이는 것인지, 귀에 들리는 소리인지
접촉된 감각기관을 알아차림합니다.

그 상황에서 나의 감정은 무엇인지
그 상황을 어떻게 이해하고 받아들이고 있는지
그때 나에게 어떤 의도가 있었는지 등
마음 현상을 해체해서 바라봅니다.

찾아진 감정에 대해서
몸에는 어떤 느낌이 있는지 알아차리고
그때의 느낌을 충분히 느껴보도록 합니다.

그리고

136

그때 한 행동을 찾아보고

그때 하지 못했던 의도와 행동이 있었다면

그때 하지 못한 것을 지금 여기에서 표현하도록 합니다.

상담형 위빠사나 명상 실시

호흡이 안정이 되면
불편했던 장면을 떠올려 보세요.

역동의 뿌리를 찾기 위해
그 장면에서 나를 불편하게 하는 것은
눈에 보이는 것인지
귀에 들리는 소리인지 찾아보세요.
귀에 들리는 소리이면
소리의 내용인지 소리의 톤인지 추가 탐색합니다.

인지적 탈융합을 위해
그때 기분이 무엇인지 그 감정에 이름을 붙여보게 하고
그 감정이 몇 %로 느껴지는지 물어봅니다.
그리고
그 상황을 어떻게 이해하고 받아들이고 있는지
그렇게 인식되는 것은 나에게 어떤 의미로 다가오는지
그렇게 되면 나는 어떻게 될 거 같은지 물어보고
또한 그때 나는 무엇을 바랐는지도 물어봅니다.

정서적 치료를 위해
그 감정이 일어날 때
내 몸 어디에 어떤 느낌이 있는지
그 느낌의 강도는 어느 정도 되는지 물어보고
몸의 느낌에 더욱 집중하도록 돕고
느낌에 대한 주관적 이미지를 파악할 수 있도록
모양, 크기, 색깔, 무게, 촉감 등에 대해 물어봅니다.

그리고 느낌을 관찰하도록 1분간의 시간을 준 후
다시 그 느낌의 강도를 물어봅니다.

1분의 시간을 줄 때는 생각을 멈추고 느낌에만 집중할 수 있도록
"생각과 판단을 멈추고
숨 들이쉬면서 느낌을 느껴보고
숨 내쉬면서 느낌을 느껴봅니다"라고
멘트를 넣어줍니다.

행동치료를 위해
그때 나는 어떻게 행동했는지, 그 행동이 나를 행복하게 했는지
행복하게 하지 않았다면 다음에 유사한 상황에서는
어떻게 행동하고 싶은지 물어보세요.

상담형 마음 관찰 명상 실시

상담형 마음 관찰 명상은
마음을 대상으로 마음의 현상을 관찰하여
심리치료를 하는 명상입니다.

마음 현상은 빠르게 일어났다가
순간으로 사라지기 때문에
관찰하기가 쉽지 않습니다.

그러므로
마음을 이용한
심리치료의 구체적 방법은
지나간 경험에 대해서 어떤 마음이 있었는지
마음 현상을 구체적으로 살펴보는 것입니다.

먼저
상담 장면에서 명상을 이용하여
상담자가 내담자에게
감정을 일으킨 장면을 머리에 떠올리게 합니다.

대상과 접촉이 된 그 장면에서
반드시 일어나는 마음 현상인 감정, 인식, 의도에 대해
그때의 감정은 무엇인지
그 상황을 어떻게 이해하고 받아들이고 있는지
그렇게 인식되는 것은 나에게 어떤 의미로 다가오는지
그렇게 되면 나는 어떻게 될 것 같은지 물어보고
또한 그때 나는 무엇을 바랐는지
그때 어떻게 하고 싶었는지에 대해서
상담자가 묻고 내담자가 대답을 합니다.

그리고
그때 하고 싶었지만 하지 못했던 말과
그때 자신이 느낀 의미를 표현하도록 유도합니다.

이처럼
상담자가 구체적으로 거울처럼 비추어주어
내담자가 스스로 그때 어떤 마음이었는지를
이해하고 수용하도록 하는 것입니다.

상담형 몸 느낌 관찰 명상 실시

상담형 몸 느낌 관찰 명상은
몸을 대상으로 몸의 느낌을 관찰하여
심리치료를 하는 명상입니다.

몸을 이용한 명상의 심리치료 원리는
몸과 마음은 연결되어 있어서
마음에서 일어나는 감정이
몸의 느낌으로 반응하기 때문입니다.

몸을 이용한 심리치료의 구체적 방법은
상담 장면에서 명상을 이용하여
상담자가 내담자에게
감정을 일으킨 장면을 머리에 떠올리게 합니다.

그 장면에서
그때 느낀 감정이
몸의 어떤 부위에 어떤 느낌으로 있는지를
상담자가 묻고 내담자가 그 느낌을 찾아서 대답합니다.

또한
그 느낌을 보다 구체적으로 해체하여
그 느낌의 강도, 모양, 크기, 촉감, 색깔, 무게 등에 대해서도
상담자가 묻고 내담자가 그것을 찾아 대답하면서
느낌의 주관적 실체를 파악합니다.

그리고
내담자가 평정심을 갖고 그 느낌에만 집중할 수 있도록
"생각과 판단을 멈추고 오롯이 그 느낌에만 집중합니다.
숨 들이쉬면서 그 느낌을 느껴보고,
숨 내쉬면서 그 느낌을 느껴봅니다."라고 멘트를 하여
그 느낌의 변화를 관찰하도록 돕습니다.

1분간 느낌에 대한 관찰이 끝나면
느낌의 강도, 모양, 크기, 촉감, 색깔, 무게 등에 대해
상담자가 묻고 내담자가 다시 그것을 찾아 대답하면서
느낌의 변화를 파악합니다.

이렇게 할 때
몸의 느낌의 강도가 낮아지면서
직접적으로 정서가 치료되는 것입니다.

몸 느낌으로 역동 찾아가기

몸과 마음은 연결되어 있습니다.

감각기관, 대상, 의식이 접촉될 때
마음에는 감정과 인식과 의도가 발생하고
몸에는 그때의 느낌이 발생합니다.

그러므로
경험한 모든 상황에 감정이 일어나고
그때 일어났던 모든 감정은
몸의 느낌으로 저장되어 있습니다.
몸은 무의식적 정서의 창고이기 때문입니다.

최근의 불편했던 상황을 떠올리고
그때의 감정을 찾고
그때의 몸 느낌을 찾아봅니다.

이번에는
그 몸 느낌에 주의를 집중한 후

그 몸 느낌과 동일한 느낌을 갖는
어린 시절의 경험을 떠올려 봅니다.

이것이 몸 느낌으로 역동을 찾아가는 것입니다.

마음 현상으로 역동 찾아가기

몸과 마음은 연결되어 있습니다.

감각기관, 대상, 의식이 접촉될 때
마음에는 감정과 인식과 의도가 발생하고
몸에는 그때의 느낌이 발생합니다.

그러므로
경험한 모든 상황에 감정이 일어나고
그때 일어났던 모든 감정은
마음에 감정으로 저장되어 있습니다.
마음에는 무의식에 감정이 남아 있기 때문입니다.

최근의 불편했던 상황을 떠올리고
그때의 감정을 찾아봅니다.

이번에는
그 마음의 감정에 주의를 집중한 후
그 마음의 감정과 동일한 감정을 갖는

어린 시절의 경험을 떠올려 봅니다.

이것이 마음에서 감정으로 역동을 찾아가는 것입니다.

두 개의 스크린으로 투사 찾아가기

두 개의 스크린 기법은
두 개의 장면에서 공통점과 차이점을 찾기 위한 것입니다.

영화관의 객석에 앉아서
몸의 느낌으로 역동을 찾은 두 장면을
스크린의 좌우에 바라봅니다.

스크린의 두 장면에서
공통점이 무엇인지 찾아보고
차이점은 무엇인지 찾아봅니다.

두 장면의 공통점이
감각기관으로 귀결되는 투사의 뿌리입니다.
그것이 유사한 상황에서도
불편을 느끼는 원인임을 통찰합니다.

그리고
두 장면에서의 차이점을 찾아봄으로서

대상이 서로 다름을 알아차리는
통찰로 이끌어 갑니다.

감각기관과 접촉 시 주의사항

호흡이 안정이 되면
불편했던 장면을 떠올려 보세요.

그 장면에서 나를 불편하게 하는 것은
눈에 보이는 것인지
귀에 들리는 소리인지 찾아보세요.
귀에 들리는 소리이면
소리의 내용인지 소리의 톤인지
무엇이 나를 불편하게 하는지 추가 탐색합니다.

감각기관과의 접촉 대상을 찾을 때는
자신을 불편하게 한 접촉 대상에 노출되어
강한 두려움에 압도당할 수 있으므로
특히 주의를 해야 합니다.

그런 경우가 발생한다면
머리에서 장면을 지우고
깊게 숨을 들이쉬게 하고

후~ 하면서 길게 숨을 내쉬도록 하세요.

마음이 안정될 때까지

여러 번 반복하세요.

마음 관찰하기 연습 – 감정 체크리스트 작성

우리의 감각기관은
외부의 대상과 짝을 이루고 있습니다.

눈은 물질을, 귀는 소리를, 코는 냄새를,
혀는 맛을, 피부는 접촉을, 의식은 마음을

이렇듯 우리의 감각기관이
외부 대상을 향하고 있어서
마음 또한 외부를 향하고 있습니다.

이러한 우리의 마음을 내부로 돌려서
자신이 어떤 감정을 느끼고 있는지
내면을 살피는 것이 중요합니다.

외부를 향한 시선을
자신의 내면으로 돌리기 위해
자신에게 느껴지는 감정인
화, 우울, 불안을 체크하고

그때 그 감정을
표출했는지, 표현했는지, 참았는지를 체크하고
몸의 느낌 및 강도를 체크하는
체크리스트를 활용하는 것이 도움이 됩니다.

하루에도 몇 번씩 일어나는 감정을
체크리스트에 빠짐없이 체크해 보세요.

자신의 마음의 시선이
외부에서 내부로 바뀌어 있을 것입니다.

인지적 탈융합 연습하기 - 명상일지 작성

일반적으로 사람들은
어떤 상황에 처하게 되면
상황과 감정, 인식, 의도가
한 덩어리가 되어 버립니다.

그 상황을 두고
상황과 감정, 인식, 의도를 분리하라고 하면
무엇이 감정인지
무엇이 인식인지
무엇이 의도인지를
구분하는 것을 어려워하며
잘 구분하지 못합니다.

이러한 것을 구분하기 위해
명상일지를 작성하면서 연습을 합니다.

명상일지 작성은
상황에 대한 인식을 바꾸는 것이 아니라

단지

그때의 감정, 인식, 의도를 구분하여 기록하는 것입니다.

또한 그때의 몸의 느낌과 강도를 기록하고

명상 후의 몸 느낌의 강도의 변화를 기록합니다.

그렇게 구분하는 것이 익숙해지면

느껴진 감정 앞에 숨은 감정도 찾습니다.

이것이 인지적 탈융합을 연습하는 것입니다.

명상으로 행동치료

호흡이 안정이 되면
불편했던 장면을 떠올려 보세요.

역동의 뿌리를 찾기 위해
그 장면에서 나를 불편하게 하는 것은
눈에 보이는 것인지
귀에 들리는 소리인지 찾아보세요.
귀에 들리는 소리이면
소리의 내용인지 소리의 톤인지 추가 탐색합니다.

인지적 탈융합을 위해
그때 기분이 무엇인지 그 감정에 이름을 붙여보세요.
그 감정을 일으킨 상황을 어떻게 이해하고 있었나요?
그 인식은 자신에게 어떤 의미인가요?
그때 나는 무엇을 바랐나요?

행동치료를 위해
그때 나는 어떻게 하고 싶었나요?

156

그때 실제로 나는 어떻게 행동했나요?

그 행동이 나를 행복하게 했나요?

행복하게 하지 않았다면 다음에 유사한 상황에서는

어떻게 행동하고 싶은가요?

명상으로 행동 변화 연습하기

나를 불편하게 했던
그 장면을 머리에 떠올려 보세요.

그 장면에서 나를 불편하게 하는 것은 무엇인가요?
눈에 보이는 것인가요?
귀에 들리는 소리인가요?
《나를 비난하는 높은 목소리요.》

그 높은 톤의 목소리를 들으면 나는 어떤 기분이 드나요?
그 감정에 이름을 붙여보세요.
《화가 나요.》

나는 화가 날 때 그 상황을 어떻게 이해했나요?
《나를 무시하는 것 같아요.》

내가 무시당한다는 것은 어떤 의미인가요?
《내가 없어지는 거 같아요. 버림받는 것 같아요.》

그때 나는 무엇을 바랬나요?
《나를 비난하지 않고 따뜻하게 대해줬으면 좋겠어요.》

그때 나는 어떻게 행동했나요?
《화를 냈어요.》
그렇게 한 행동이 나에게 도움이 되었나요?
《아니요.》

그럼 다음에 유사한 상황이 되면 어떻게 하고 싶으세요?
《화를 안 내면서 내 감정을 얘기할 거예요.》

사회공포증 치유

사회공포증은
다른 사람 앞에서 당황하거나 바보스러워 보일 것 같은
사회 불안을 경험한 후
사회적 상황을 회피하는 증상입니다.

사회공포증이 있는 사람은
두려워하는 상황에 노출되거나
노출될 것이 예상될 때
심각한 불안을 느낍니다.

일반적인 심리치료는
상황 노출 연습을 합니다.

위빠사나 명상을 이용한 심리치료는
상황에 직접 노출을 하든 심상으로 노출을 하든
사회 상황에 노출시킨 후
회피하지 않고 그때 일어나는 몸의 느낌을
알아차리고 평정심을 갖고 관찰합니다.

몸의 느낌이 낮아지면
점점 강한 상황에 노출시킨 후
그때 일어나는 몸의 느낌을
알아차리고 평정심을 갖고 관찰합니다.

이렇듯 반복적으로
상황에 노출하고 몸의 느낌을 관찰하면
사회적 상황에서의 공포를 극복할 수 있습니다.

PTSD 치료

외상 후 스트레스 장애의 치료는
인지행동치료와 안구운동 민감소실 및 재처리기법(EMDR)이
주를 이루고 있습니다.

안구운동 민감소실 및 재처리기법(EMDR)은
샤피로에 의해 개발된 것으로
불편했던 기억을 떠올리면
신체감각 반응이 고스란히 올라오고
이럴 때 이를 버티고 머리를 고정한 채
좌우로 움직이는 불빛을 따라 눈동자를 움직이는 것입니다.

안구운동의 치료적 원리는
불편했던 기억을 떠올려 신체감각 반응을 일으킨 후
움직이는 불빛으로 주의를 전환, 마음을 집중하여
스트레스의 원인인 불편했던 생각을 멈추어서
정서가 안정되어가는 주의전환 후 집중명상인 것입니다.

한편

불편했던 기억을 떠올리고
몸의 느낌을 관찰하는
상담형 몸 느낌 관찰 명상은
불빛을 따라 눈동자를 움직여서
생각을 멈추어 정서가 안정되어가는
안구운동 민감소실 및 재처리기법보다
훨씬 적극적인 치료 방법입니다.

상담형 몸 느낌 관찰 명상은
트라우마 사건을 떠올려서
몸에 나타나는 신체감각의 느낌을 관찰하는 것으로
두려움의 강도가 약한 것부터 시작하여
점진적으로 강도가 강한 장면을 떠올려서
지속적으로 노출하는 것입니다.

이러한 트라우마 사건을 떠올려서
몸의 느낌을 관찰하는 것은
즉각적인 정서치료가 되는 치료법입니다.

트라우마 치료 효과

안구운동 민감소실 및 재처리기법(EMDR)은
트라우마 치료에 많은 기여를 했지만
불편했던 기억을 떠올려 신체감각 반응을 일으킨 후
움직이는 불빛으로 주의를 전환하여 마음을 집중하는 방법으로
신체감각 반응을 일으킨 후 주의전환을 하기 전까지의
신체감각 반응을 알아차리고 견디는 시간이
치유의 시간입니다.
EMDR은 움직이는 불빛으로 주의를 전환하여
상황으로부터 회피를 일으키는
소극적인 치료기법입니다.

상담형 몸 느낌 관찰은
집단적, 교육적, 치유적 프로그램으로도 하지만
개인 상담에서 상담자가 명상을 이끌면서
상담자가 내담자에게 불편했던 기억을 떠올리게 하여
상담자가 내담자의 몸의 느낌과 강도에 대해 묻고
내담자가 자신의 몸의 느낌과 강도에 대해 대답하면서
그 느낌에 집중하여 느낌의 변화를 관찰하도록

내담자에게 관찰명상으로 치료를 이끌어가는
가장 적극적인 치료기법입니다.

제한적 재 양육 ① - 억울한 아이

눈을 감고 호흡을 합니다.
지금 호흡은 편안한가요?

이제 어린 나의 모습을 떠올려 봅니다. 떠올랐나요?
《예.》
어린 나는 몇 살이에요?
《9살요.》
어린 나는 어디서 무엇을 하고 있나요?
《혼자 방에서 울고 있어요.》
어린 나의 얼굴을 살펴보세요. 어떤가요?
《화가 나서 울고 있어요.》
지금 어린 나의 마음은 어떤 거 같아요?
《억울해 하는 거 같아요.》
어린 나를 보니 지금 마음이 어떤가요?
《화가 나고 슬퍼요.》

지금 어린 내가 있는 장면 속으로 들어가 볼게요.
《예.》

지금 어린 나는 마음이 어때요?

《억울해요.》

어떤 생각을 하면 억울하게 느껴지나요?

《내가 그런 것도 아닌데 내가 그랬다고 나만 혼내잖아요.》

그때 나는 그렇게 얘기를 했나요?

《아니요. 무서워서 못했어요.》

그때는 말하지 못했지만 나는 뭐라고 말하고 싶었어요?

《내가 그런 게 아니라고 말하고 싶었어요.》

그러면 그렇게 말해 보세요. 여기는 안전한 공간이에요.

《내가 그런 게 아니라고!》

또 뭐라고 말하고 싶으세요?

《왜 나만 혼내는 거야!》

더 크게 해보세요.

《내가 그런 게 아닌데 왜 나만 혼내는데!》

지금 기분은 어떠세요?

《더 화도 나고 시원하기도 하고 슬프기도 해요.》

지금 어린 나를 위로한다면 어떻게 하고 싶으세요?

《안아주고 싶어요.》

또 어떻게 하고 싶으세요?

《이제 무서워하지 마. 넌 이제 어른이야. 내가 지켜줄게라고 말해주
고 싶어요.》

그렇게 해보세요.

《이제 무서워하지 마. 넌 이제 어른이야. 내가 지켜줄게.》

어린 나의 기분은 어떤 거 같나요?

《편안해 하는 거 같아요.》

자~ 이제 어린 나를 놓고 떨어집니다.

지금 어린 나의 얼굴을 한번 보세요. 어떤가요?

《편안해 보여요.》

어린 나의 편안해 하는 모습을 보니 마음이 어떤가요?

《시원해요.》

자~ 이제 영상을 지우고 호흡으로 돌아옵니다.

호흡이 안정이 되면 수식관 5까지 하고 눈을 뜹니다.

지금 마음이 어떠세요?

제한적 재 양육 ② - 위축된 아이

눈을 감고 호흡을 합니다.
지금 호흡은 편안한가요?

이제 어린 나의 모습을 떠올려 봅니다. 떠올랐나요?
《예.》
어린 나는 어디서 무엇을 하고 있나요?
《운동장에서 기가 죽어서 고개를 떨구고 있어요.》
지금 어린 나의 마음은 어떤 거 같아요?
《아래 위 츄리닝이 달라서 부끄러워하고 있어요.》
어린 나를 보니 지금 마음이 어떤가요?
《안쓰럽고 불쌍해요.》

지금 어린 나를 위로한다면 어떻게 하고 싶으세요?
《안아주고 싶어요.》
네~ 그 장면 속으로 들어가서 안아주세요.
그리고 무슨 말을 해주고 싶으세요?
《많이 외롭고 힘들었지.》
또 어떤 말을 해주고 싶으세요?

《괜찮아. 힘내. 내가 지켜줄게.》
어린 나의 기분은 어떤 거 같나요?
《편안해 하는 거 같아요.》

자~ 이제 어린 나를 놓고 떨어집니다.
지금 어린 나의 얼굴을 한번 보세요. 어떤가요?
《눈이 반짝반짝거리고 편안해 보여요.》
어린 나의 편안해 하는 모습을 보니 마음이 어떤가요?
《좋아요.》

자~ 이제 영상을 지우고 호흡으로 돌아옵니다.
호흡이 안정이 되면 수식관 5까지 하고 눈을 뜹니다.

지금 마음이 어떠세요?

아픈 몸 달래기

몸에 아픈 곳이 있습니다.

그곳에 마음을 집중하여
아픈 느낌의 존재를 인정해 주고
그 느낌에 이름을 붙여서
그 이름을 불러줍니다.
"아픔 아픔 아픔"

그렇게
숨 들이쉬면서 그 이름을 부르면서 아픔을 지켜보고
숨 내쉬면서 그 이름을 부르면서 아픔을 지켜봅니다.

아픔을 없애겠다는 의도를 내려놓고
단지 그 아픔을 바라보기만 합니다.

그러면 어느 순간 그 아픔은 사라지고 없습니다.

특정 공포증 치료

동물, 곤충 등 특정 대상에 대해
두려움을 느끼는 것을 특정 공포증이라 합니다.

특정 공포증을 가진 사람들은
일상생활에서 공포의 대상을 자주 만나는 것이 아닐 뿐만 아니라
공포의 대상이 나타나면 그 자리를 피하면 되기 때문에
굳이 치료의 필요성을 느끼지는 않습니다.

그럼에도 불구하고
명상을 이용한 특정 공포증의 치료는
명상으로 두려움의 특정 대상을 떠올려서
체계적 둔감법으로
두려움을 느끼지 않는 거리에서부터
점점 가까이 다가가면서
그때 느껴지는 두려움에 지속적으로 노출하여
그 두려움이 몸의 어느 부위에 어떤 느낌으로 느껴지는지
그 느낌의 강도는 얼마인지를 찾도록 질문합니다.

생각과 판단을 멈추고
그 느낌의 변화를 관찰하면서
1분간의 시간을 줍니다.
"지금은 몇 %로 느껴지세요?"

이렇게 특정 대상에 대한 두려움을
거리를 좁혀 가면서
몸에 지속적으로 노출하면서 치료합니다.

스스로 치유하기

어떤 상황에 처했을 때
어떤 이는 불안을
어떤 이는 우울을
또 어떤 이는 화의 감정을 느낄 것입니다.

조용히 홀로 앉아
그 상황을 머리에 떠올리고
불안, 우울, 화의 감정 앞에
숨은 감정을 찾아봅니다.

그 상황에서 숨은 감정이
서운함인지, 억울함인지, 서러움인지, 창피함인지 등
그렇게 숨은 감정을 찾아보고
그때 나는 무엇을 바랬는지도 찾아봅니다.

그리고
내 어린 시절에
그런 느낌을 느꼈던 경험을 찾고 나면

"지금 마음은 어떠세요?"라고
스스로에게 물어보세요.

그 마음을 찾고 나면
스스로 자유로워질 것입니다.

불안, 화, 우울

불안은 불확실한 미래에 대한 생각이 날 때 발생하며
불안의 근본은 생존에 대한 걱정입니다.

화는 생존에 위협을 느낄 때
자기 자신을 지키기 위해 나오는 감정입니다.

우울은 강한 상대가 무서워서 화를 낼 수 없을 때
그 화를 자기 자신에게 돌릴 때 나오는 감정입니다.

결국
이러한 감정이 올라오는 것은
자신을 지키기 위한 지극히 당연한 것입니다.

다만,
그것을 행동으로 어떻게 표현하느냐가
문제일 뿐입니다.

불안

마음에 불안이 올라올 때에는
불안을 해체해서 살펴보세요.

지금 무엇을 하고 있는 상황인지
그 상황에서 어떤 생각들이 떠오르는지
그때 나는 무엇을 바라고 있었는지…

그리고 그때 올라오는 불안은
어떤 유형의 불안인지
불안 앞의 감정을 찾아보세요.

그 불안은
내가 지금 하고 있는 일이
잘 안 될까 걱정하는 불안일 것입니다.
그것은 곧 잘하고 싶어하는 열망입니다.

그러므로, 그러한 불안이 올 때는 이렇게 말해 보세요.
"불안해도 괜찮아. 내가 잘하고 싶어서 그래."

"불안" 감정 치료

불안은 어린 시절 보호자로부터
안전함을 느끼지 못했던 경험에 대한
생각에 뿌리를 두고 있습니다.

또한
불안은 회피의 행동을 통해 더욱 강화가 됩니다.

그러므로
불안을 치료하기 위해서는
불안을 일으키는 생각을 알아차려서 멈추고
불안한 상황을 회피하지 않고 그 상황에 직면해서
불안에 반복적으로 노출하여 느껴보는 것입니다

그때에
그 불안이 내 몸 어디에 어떤 느낌으로 있는지
몸의 느낌을 알아차리고 생각과 판단을 멈추고
그 느낌에 충분히 머물러서 지켜보게 합니다.

이러한 몸 느낌 관찰을 반복해서 진행하면
불안은 점점 줄어들고 안전함을 느끼게 됩니다.

"화" 감정 치료

화는 어린 시절 힘 있는 강자로 인해
자신의 욕구가 좌절된 경험에
뿌리를 두고 있습니다.

그러므로
화를 치료하기 위해서는
좌절된 경험 속에서 자신의 욕구가 무엇이었는지
그때 그 욕구를 표현해 보았는지
그 욕구를 표현하지 못한 이유는 무엇인지 알아보고
그 욕구를 지금 여기에서 표현해 보도록 합니다.

그리고
그 화가 내 몸 어디에 어떤 느낌으로 있는지
몸의 느낌을 알아차리고 생각과 판단을 멈추고
그 느낌에 충분히 머물러서 지켜보게 합니다.

"우울" 감정 치료

우울은 어린 시절 보호자로부터
사랑과 인정을 받지 못했던 경험에
뿌리를 두고 있습니다.

그러므로
우울을 치료하기 위해서는
자신은 무가치한 사람이라는 생각
세상은 변하지 않고 힘들 것이라는 생각
자신의 앞날은 희망이 없을 거라는 생각
이러한 스쳐가는 생각을 찾도록 도와주고
비합리적인 생각이 잘못되었음을
스스로 알아차리도록 도와야 합니다.

그러기 위해서
그 우울이 내 몸 어디에 어떤 느낌으로 있는지
몸의 느낌을 알아차리고 생각과 판단을 멈추고
그 느낌에 충분히 머물러서 지켜보게 합니다.

억압 감정 해소하기

어린 시절 무서워서 말을 하지 못한
어린 나의 모습을 떠올려 봅니다.

어린 나는 어디서 무엇을 하고 있는지
지금 어린 나의 마음은 어떤지 살펴봅니다.

그리고
어린 내가 있는 장면 속으로 들어가서
그 때 마음이 어땠는지 무슨 말을 하고 싶었는지 물어봅니다.

비록 성인이 되었어도 여전히 두려움에
어린 나는 말을 못할 수도 있습니다.

그럴 때는
여기는 안전한 공간이고
어른인 내가 지켜준다고 격려합니다.

"그때 하지 못했던 말을 해보세요.

또 어떤 말을 하고 싶으세요?"

그렇게 말을 해 보세요.

"더 크게 소리 내어 해보세요."

"이렇게 해 보니까 어떠세요?"

인생 역동

눈을 감고 앉아 호흡이 안정된 후
자신의 삶에서 가장 힘들었던 상황을 떠올려봅니다.
그 장면에서 나를 불편하게 하는 것이 무엇인지
그때의 그 불편한 감정은 무엇인지
그 감정은 나에게 어떤 의미인지를 물어봅니다.
"그 감정은 나에게 어떤 의미예요?"
이번엔 방금 말한 의미에 대해 물어봅니다.
"그것은 나에게 어떤 의미예요?"
이렇게 의미에 의미를 계속 찾아갑니다.
그 장면에서 느끼는 바닥의 의미를 찾게 되면
잠시 시간을 주어 충분히 느끼게 합니다.

이제 영상을 지우고 호흡으로 돌아옵니다.

호흡이 안정된 후 이번에는
자신의 삶에서 가장 행복했던 상황을 떠올려봅니다.
"나는 지금 어디에서 무엇을 하고 있나요?"
그 행복감을 충분히 느껴보세요

지금 느끼는 그 행복은 어떤 행복이예요?
그 행복에 이름을 붙여보세요
"그것은 어떤 행복이예요?"
계속해서 그것이 어떤 행복인지 물어봅니다.

끊임없이 긴장하며 열심히 살아온 사람은 여유로움을
다툼이 많아서 시끄러운 경험이 많은 사람은 평화로움을
늘 불안으로 가득했던 경험은 안전함을
각자의 삶 속에서 느낀 가장 힘듦의 반대편이
내가 느끼는 진정한 행복으로 다가올 것입니다.

한 방울의 물

감정은 크게 화, 우울, 불안으로 나누어집니다.

세 가지 유형의 감정을 모두 느끼기는 하지만
성격 유형에 따라 특별히 많이 느끼는 유형이 있습니다.

한 방울의 물이란
나의 마음에 한 방울의 물이 들어갔을 때
나의 감정을 넘치게 하는 것을 의미합니다.

여기에서는 화의 감정을 대상으로 살펴봅니다.

나는 어떤 상황에서 화가 나는지
그 상황을 정리해 봅니다.
그리고
그 상황에서 나의 화는 어떤 종류의 화인지
그것이 서운함인지, 미움인지, 억울함인지 등
숨어 있는 화의 감정을 찾아봅니다.

이렇게
우울, 불안에 대해서도 같은 방식으로 해 봅니다.

나의 감정을 넘치게 하는 한 방울의 물
그것을 찾는 순간 자유로워집니다.

감사하기

한 톨의 밥알이 입에 들어오기 위해서는
수많은 자연과 사람의 노력이 연결되어 있습니다.

씨를 뿌린 농부
씨앗이 자라도록 도와준 태양과 물과 바람과 대지
대지에 거름이 되어준 이름 없는 풀들…

추수를 하는 농부
탈곡을 하는 기계, 그 기계를 만든 사람들
운반을 하는 차량, 그 차량을 만든 사람들
쌀을 파는 상인, 운반해 준 사람
그 쌀로 밥을 지어준 사람
밥을 짓도록 도움이 된 밥통 등의 도구들
그리고 그 도구들을 만든 사람들…

한 톨의 밥알이 입에 들어오기 위해서는
수많은 감사한 대상이 있습니다.

매일 일상에서 감사한 것을 찾아서 표현해 보세요.
"~~ 해줘서 고마워요."
감사하는 마음은 자신에게 긍정성을 키워주고
감사함을 듣는 사람은 자존감이 올라가고
그들과 함께하는 공간은 행복해집니다.

감사하는 마음의 표현은
자신과 모두를 행복으로 이끌어줍니다.

모든 분들이 고맙습니다.

트라우마 치료 사례

취업 지원서를 보내고
면접을 보러 오라는 전화를 받았습니다.

통화 중에 전에 근무했던 직종과 같다는 소리를 듣자
갑자기 흐릿하게 옛날 사무실이 떠오르고
나에겐 불안이 엄습해 온몸을 감싸고
며칠이 지난 지금도 여전히 불안합니다.

상담형 몸 느낌 관찰 명상으로
옛날 사무실을 머리에 떠올리자
사무실은 흐릿하게 보이는데 파티션으로 구분되어 있습니다.
마음에는 불안이었다가 슬픈 감정으로 바뀌어 올라오고
몸에는 심장이 쪼그라들고, 목이 쪼여지고
얼굴에 열기가 나는 느낌이 있습니다.

먼저
몸 느낌 중 가장 강한 느낌인
얼굴의 열감에 집중해보니 열감의 강도는 70%입니다.

호흡을 하면서 1분간 지켜보자

열감이 30%로 떨어졌습니다.

머리의 장면을 지우고 호흡으로 돌아옵니다.

2차로 다시 옛날 사무실을 떠올리자

사무실의 이미지는 선명하고 한 켠에 사장이 서 있습니다.

역시 마음에는 슬픈 감정이 올라오고

몸에는 목이 쪼여지고 심장이 쪼그라드는 느낌이 있습니다.

양손으로 목을 짓누르는 느낌이 40%로 느껴집니다.

호흡을 하면서 1분간 지켜보자

목이 쪼여드는 느낌이 15%로 줄어들었습니다.

머리의 장면을 지우고 호흡으로 돌아옵니다.

3차로 다시 옛날 사무실을 떠올리자

사장의 얼굴이 선명하게 보입니다.

이제는 화가 올라오고

몸에는 심장에서 톡톡 두드리며 쑤시는 느낌이 있습니다.

모양은 타원형으로 검게 타버린 모양이고

크기는 500원 동전 두 개의 크기에

무게는 가볍습니다.

호흡을 하면서 1분간 지켜보자

타버린 모양은 이제 바늘만 한 크기가 되었습니다.

머리의 장면을 지우고 호흡으로 돌아오자

호흡은 안정이 안 되고

심장이 널뛰기하는 것처럼 뛰고 있습니다.

4차로 다시 심장에 집중하여

널뛰기하는 것처럼

한 번은 낮게 한 번은 높게 심장이 뛰는 것을 지켜봅니다.

호흡을 하면서 1분간 지켜보자

심장이 팔딱팔딱 규칙적으로 강하게 뛰고 있습니다.

팔딱팔딱 뛰는 것은 생기 있는 느낌으로 느껴집니다.

머리의 장면을 지우고 호흡으로 돌아옵니다.

호흡이 안정되고 이제 눈을 뜹니다.

"지금 마음은 어떠세요?"

"처음에는 뭔가 뭉쳐 있는 느낌이었는데

이제는 하나하나 분리가 된 느낌이에요.

이제는 사장을 똑바로 보고 말을 할 수 있을 것 같아요."

억울할 때 목조임 치료 사례

그는 억울한 일을 당하면
목이 메어 말이 나오지 않았습니다.

상담형 위빠사나로
전에 근무했던 회사 사장의 가식적인 웃음을 떠올리자
짜증의 감정은 가슴에 답답한 느낌으로
주먹 3개 크기로 안개처럼 퍼져 있습니다.

그 가슴의 답답한 느낌으로 어린 시절을 떠올리자
아빠에게 이유 없이 혼나는 장면이 떠오르고
몸에는 목이 50~60%의 강도로 조여드는 느낌이 있습니다.
그 목의 느낌을 1분간 지켜보자
목 안에 강도 60% 정도의 강한 조임이 있고
목젖을 동그란 모양의 면봉 같은 것으로
80%의 압력으로 누르는 느낌이 차츰 목젖 아래로 내려가
조임은 30%로 변화되었습니다.
이제 머리의 장면을 지우고 호흡으로 돌아옵니다.

2차로 다시 아빠와의 억울했던 어린 시절을 떠올리자

밥을 왼손으로 먹는다고 "재수 없다"고 하는

아빠의 목소리가 귀에 들리고

그 말에 억울함의 슬픔과 눈물이 나려고 합니다.

몸에는 목이 스스로 쪼여서 손가락 두 개 크기로 작아집니다.

1분간 그 느낌을 지켜보자

강도가 50%에서 20%로 줄어들었습니다.

다시 머리의 장면을 지우고 호흡으로 돌아옵니다.

3차로 다시 아빠와의 억울했던 어린 시절을 떠올리자

여행 갔다가 오는 길에 장을 본 소주 병을 던져버리고 화를 냅니다.

귀에 들리는 높고 거친 높은 톤의 소리에 마음은 불안하고

아무 얘기도 하고 싶지 않고

아빠가 없어졌으면 좋겠다는 생각을 했습니다.

"그때는 아무 말도 하지 못했지만

지금 여기에서 하고 싶은 말을 해보세요."라고 하자

"매일 매일 너무 슬펐어요. 억울해요. 억울해!" 등

그렇게 한참 동안을 그는 울면서 억울함을 토해냈습니다.

"지금 표현해보니까 어떠세요?"

"목이 좀 풀린 것 같고,

목이 두루마리가 풀려나가는 것처럼 목 내부 공간이 점점 커져요.

조금 후련한 것 같고, 말하는 게 어렵지 않았어요.
뭔가 되게 많이 뱉어낸 것 같고."

그리고 일주일 후 만났을 때
그는 새로운 직장에서 억울한 일을 당했을 때
당당하게 자기표현을 하였습니다.
자기표현을 한다는 것은 자유로워지는 것입니다.

상담형 몸 느낌 관찰로 쥐 공포증 치료 사례

특정 공포를 가진 사람들은
공포의 대상도, 치료도 회피하는 경향이 있습니다.

그러나 본 상담에 참여한 내담자는
평소 식사를 하던 탕비실에서 쥐를 보고 놀라
탕비실에 들어갈 수가 없어 상담을 하게 되었습니다.

그를 처음 만났을 때
쥐에 대한 두려움은 언제부터 생겼는지 알 수는 없으나
TV에 쥐가 나오면 채널을 돌리거나
TV를 끄는 행동을 했었고
쥐에 대한 사진이나 그림도 볼 수 없었다고 합니다.

그의 쥐에 대한 두려움은
위계 목록표를 작성할 때
글을 쓰는 종이를 보지도 못하고
고개를 오른쪽으로 돌리고
"으~ 으~ 으~"하는 신음 소리를 내면서

일그러진 표정을 하고 힘들어했습니다.

치료는 지금 있는 위치로부터 200M 거리에
쥐가 있는 것으로 상상하여 머리에 떠올리고
차츰 거리를 좁혀 가는 것으로 실시했습니다.

실제 처음 두려움을 느낀 거리는 80M로
온몸에 소름이 돋아나는 느낌이 있었습니다.

치료는 상담형 몸 느낌 관찰 명상을 이용하였으며
첫 회기에서는 30M 거리에서
그가 힘들어하여 멈추었고
첫 회기 후 탕비실에는 들어갈 수 있었습니다.

이처럼 거리를 좁혀 가면서 회기를 거듭할수록
쥐에 대한 두려움의 거리는 차츰 좁혀지고
4회기에는 발아래까지 좁혀져서
쥐의 눈, 배, 몸통, 꼬리를 보면서 견딜 수 있었습니다.

느낌은
처음에는 온몸에 돋아나는 소름에서
가슴의 메스꺼움으로

그리고 반짝거리는 눈은 귀여움으로 바뀌었습니다.
끝내 해결하지 못하고 종료한
꼬리는 여전히 징그러운 느낌이 남아 있었습니다.

상담적 개입은
상상으로 머리에 쥐를 떠올리고 하는
상담형 몸 느낌 관찰 명상뿐이었습니다.

1년 후 사후 유지 점검에서
그는
"외국의 TV 프로그램에서
쥐꼬리를 돌리며 노는 것을 시청할 때
징그러움은 있었지만
TV를 끄거나 채널을 돌리지 않고
가족과 함께 지켜볼 수 있었다."고 했습니다.

쥐 공포를 가진 내담자에 대해
상담형 몸 느낌 관찰 명상의 치료적 개입으로
즉, 단지 몸의 느낌을 관찰하고 수용함으로써
쥐에 대한 공포가 사라진 것으로 보아
상담형 몸 느낌 관찰 명상은
정서적 수용치료 기법입니다.

역동치료 사례

그는 공양간(식당)에서
자신보다 나이가 많은 보살의 무표정한 표정을 보고
자신이 무엇인가 잘못한 것 같은 느낌이 들어
죄책감과 두려움으로 불안하고 위축되었습니다.

머리에 보살의 무표정한 표정을 떠올리자
그때 몸에는 긴장되고 불안한 느낌이
턱 관절과 목이 긴장되고
복부에서 울먹거리는 느낌이 느껴지고
심장에는 쪼이는 느낌이 있었습니다.

심장의 쪼이는 느낌을 중심으로
과거 장면을 떠올리자
눈을 부라리고 핏대를 세우고
엄청나게 큰소리로 화를 내고 있는 아버지가 떠올랐습니다.

이제 그는 영화관에 자리를 잡고 앉아서
스크린의 왼쪽에는 현재의 장면을

오른쪽에는 과거의 장면을 비추면서

두 장면에서 공통점은

"화난 표정, 자신을 무시하는 느낌의 무표정한 표정"입니다.

두 장면에서의 차이점은

"보살은 딱딱하고 무뚝뚝한 표정이지만 밝고 맑고

아버지는 화가 나 있고, 울화가 쌓여 있는 것 같고

온갖 세상이 불만인 것 같고…"

이제 영화관에서 나와 과거의 장면을 떠올립니다.

그때의 감정은 슬픔, 반감, 억울한 화가 느껴지고

그 상황은 자신을 어떻게 할 것 같고

갈 데가 없어 땅이 꺼지는 느낌이 들고

세상이 끝난 것 같은, 죽을 거 같이 인식되었습니다.

그 인식은 그에게 이 세상에 있지 않고 붕 뜬 느낌이었습니다.

이제 그는 그때는 하지 못했지만

그때 하고 싶었던 말을 표현합니다.

"발로 차고 싶고, 주먹으로 때리고 싶고, 몽둥이로 때리고 싶고,

그때 사소한 일인데 왜 그렇게 크게 혼냈어요?

내가 얼마나 무서웠는지 아세요?

아버지가 혼낼 때 나는 죽을 거 같았고,

이 세상에 있지 않고 붕 뜬 느낌이었어요.

......"

충분하게 표현한 이후
억울한 화가 몸의 어느 부위에 어떤 느낌으로 있는지 찾아보자
명치에서 목까지 울먹이는 느낌이 50% 있습니다.
권총 같은 모양, 크기는 팔뚝만 하고
촉감은 딱딱하고, 색깔은 쇳덩이 색깔이고
무게는 쇳덩이가 5kg 정도로 느껴집니다.

생각과 판단을 멈추고
고요히 평정심을 유지하면서
1분간 몸의 느낌에만 머물러서 관찰하자
몸의 느낌이 변화되었습니다.
이제는 목에 걸린 느낌이 30%로 느껴지고
목젖에 납작한 잎이 있는 것 같고
촉감은 까칠까칠하고, 맛은 아리고
무게는 200g 정도이고, 색깔은 흰색으로 바뀌었습니다.

명상치료가 끝난 후의 소감은
"가슴이 후련하고 편해진 느낌이 들고
보살님의 무표정한 얼굴에서
아버지의 투사가 일어났다는 것을 알게 되었습니다."

의도 표현으로 행동치료 사례

학창시절 친구들로부터 소외되었던 경험으로
대인관계의 어려움을 겪고 있습니다.
그 시절 누구도 내 편이 되어준 적이 없어
타인에 대한 불신이 매우 깊었습니다.

그는 자신에 대한 공감과 인정을 갈구했습니다.
그에게 공감은 자신의 편이 되어주는 것이고
인정은 자신을 떠나지 않는 것을 의미했습니다.

이러한 공감과 인정을 받기 위해
그는 자신의 욕구보다 타인의 욕구에 맞추려고 노력했으며
그것이 늘 자신을 우울하고 힘들게 만들었습니다.

이를 살펴보기 위해 어린 시절의 불편했던 장면을 떠올리자
동생이 자기 뜻대로 행동하다가
아버지에게 쫓겨나는 장면이었습니다.

그 상황에서

그는 초조하고 불안하고 무기력함을 느끼면서
아빠는 무섭고, 동생은 이해가 안 되는 상황으로 인식되었으며
동생이 쫓겨나면 가족이 해체될 것이라는 의미로 해석되었습니다.
그때 그의 마음은 도망치고 싶었지만
행동은 지켜볼 수밖에 없었습니다.

그때는 무서워서 아무런 말도 못했지만
지금도 그는 타인을 믿을 수 없어
어떠한 노력도 소용이 없다고 생각하고 있습니다.

그럼에도 불구하고 그는 용기를 내어
지금 여기에서 어린 동생에게 하고 싶은 말을 표현해 봅니다.
"아빠 말 좀 들으면 안 돼?
이럴 때마다 나는 가족이 해체되는 것 같아서 너무 무서워.
니 멋대로 하지 말고 아빠 말 좀 들어…"

그렇게 의도를 표현한 후 그는
"의도를 찾아서 표현하는 것은
안 될 것이라는 무서움에 직면하는 것이지만
그렇게 표현하고 나서
이제 동생과 편하게 대화하며 지내고 있습니다.
그래도 직면하는 것은 여전히 두려움입니다."

그 당시 부모 마음을 이해한다는 것

어린 시절
작은 잘못으로 또는 아무런 이유 없이
아버지나 어머니에게
그토록 크게 혼났던 상처들로 인해
성인이 된 지금에도 타인과의 관계에서
자신이 잘못한 것이 없음에도
눈치 보고, 위축되고, 경직되고
때로는 사람을 믿지 못하여 다가가지 못하면서
지금까지 힘들게 살아왔습니다.

나이가 들어
아버지와 어머니를 돌이켜 생각해보니
'그때 그분들도 힘들어서 그랬구나.'라고
그때의 아버지를 그때의 어머니를
이해하고 있다고 생각하고 살아왔습니다.

그럼에도
타인과의 관계 속에서

타인의 무표정한 표정을 접하면
알 수 없이 불안해서 몸이 긴장되고
화도 나고 억울한 슬픔도 올라옵니다.

어린 시절 부모님의 행동을
'부모님도 힘들어서 그랬구나.'라고
인지적으로 이해하는 것은
진정한 이해가 아니라
자신의 마음을 묻어두고 감정을 회피하는 것입니다.

진정으로
부모의 마음을 이해하고 자유로워지기 위해서는
그때 일어난 사건에 대해
자신의 마음이 어떤 마음이었는지를
먼저 이해하는 것입니다.

아버지나 어머니가 자신을 혼낼 때
그때의 자신의 핵심 감정은 무엇인지
그때 그 상황을 자신이 어떻게 이해하고 받아들이고 있었는지
그리고 그 인식은 자신에게 어떤 의미였는지를
하나하나 구체적으로 해체해서 살펴보고
그때 그들에게 바랐던 것은 무엇인지

그때는 무서워서 하지 못했지만
지금이라도 하고 싶은 말이 무엇인지
그 억울한 마음을 찾아서 표현해 봅니다.

그리고
그 상황이 자신에게 느껴졌던 의미인
세상이 끝날 것 같고
땅이 꺼지는 것 같고
죽을 거 같은 느낌 등
그 두려운 마음을 표현해 보는 것입니다.

그렇게 먼저 자신의 마음이 어떤 마음이었는지를
충분히 알아차리고, 느껴보고, 표현하고 나면

그제서야 비로소
'그때 아버지나 어머니도
사는 게 힘들어서 또는 표현 방법을 잘 몰라서
또는 또 다른 이유로 그랬구나.'라고
아버지나 어머니의 마음을 이해하는 것이
진정으로 아버지나 어머니의 마음을 이해하는 것입니다.

206

수치심으로부터의 자유

그는 치유가 많이 진전된 시점에
자신의 마음을 독백하듯이 나에게 들려주었습니다.

"완벽을 추구하는 나에게
실수를 한다는 것은
나의 밑바닥을 보이는 것과 같은
수치심입니다.

그 수치심이 무엇이길래
내 삶에서 무엇이 들킬까봐 걱정이 되고
이토록 실수를 두려워하는 것일까요?

우리 가족의 치부?
부족한 나의 모습?
가면 쓴 나의 모습?
보이고 싶지 않은 나의 전부를? …

그 시절에

나는 힘없는 피해자였는데
그런데 지금도 여전히
그 수치심은 왜 나의 몫일까요?"

그는 이제
당당히 자신의 삶과 마주하고 있습니다.

수치심은 자신의 몫이 아니라
그에게 상처를 준 사람의 몫이라는 것을 분명하게 보고
스스로 자유로워지고 있습니다.

상담에서 마음에 머무르기

그가 불편했던 상황을 얘기하면
그 상황을 구체적으로 설명하게 하세요

그 상황에서 마음이 어떤지 물어보세요

보다 구체적으로 느껴지는 마음이 어떤 마음인지
마치 어린아이가 처음 보는 것을 보고 물어보듯
그 마음에 대해 구체적으로 묻고 또 물어보세요.
마치 공원의 모습을 상세하게 설명하듯
그가 내면의 마음을 아주 상세하게 표현하게 도와주세요.

그리고 그 마음을 충분히 느끼도록 기다려주세요.

지금 마음은 어떠세요?

3장

스스로 치유하기

조건 지워져 일어난 모든 것은
결국은 소멸합니다.

관계 속의 아픔

사람은 관계 속에서
기쁨도 일어나고 아픔도 일어납니다.

관계 속에서 만나게 되는 아픈 감정은
살아오면서 관계를 맺은 사람으로부터
존재로서의 인정, 존중, 배려와 보살핌을 받지 못한
경험에 바탕을 두고 있습니다.

그러한 경험은
관계를 잘 맺고 싶지만
관계를 잘 맺지 못할까 하는 두려움으로 인해
스스로 정서적으로 참아서 억압하고
그러한 상황에 직면하면
두려움에 회피적 행동을 합니다.

그 내면에는 상처받을 것이라는 것과
결코 해결되지 않을 것이라는
두려움이 아직 있기 때문입니다.

이러한 두려움은

특정 경험에 뿌리를 두고 있으며

그 경험 속에서의 마음을 잘 살펴보면

스스로 두려움을 극복할 수 있지만

과거 아픈 경험을 마주하는 것은

커다란 용기를 필요로 합니다.

용기를 갖고 과거의 경험을 마주할 때

조금씩 조금씩 두려움은 사라집니다.

꾸준한 노력

일상생활 속에서 스트레스를 받을 경우
스스로 자신의 마음을 치유한다는 것은
결코 쉬운 일도 아니지만
그렇다고 어렵지도 않습니다.

지금까지 살아온 인생 동안
자신을 힘들게 한 마음을 다스리기 위해서는
어쩌면 그만큼의 세월이 필요할지도 모릅니다.

그러나
효과적인 방법을 사용한다면
훨씬 단축되게 할 수도 있습니다.

그러기 위해서는
꾸준한 노력이 필요하고
어떠한 경우에도 그 노력을 멈추지 않고
매일 실행에 옮겨야 합니다.

그렇게 6개월, 1년의 세월이 흐르고 나면
어느 순간 많이 단단하게 변해 있는
자신의 모습을 보게 될 것입니다.

자신이 변화할 수 있다는 믿음을 갖고
매일 꾸준히 노력해 봅니다.

구체적 사례

상담을 하든 스스로 치유를 하든
구체적 사례는 반드시 필요합니다.

구체적 사례는
자신의 감정을 불러일으킨 사건을
두리뭉실하게 추상적으로 표현하지 않고
구체적인 사실을 영화를 보듯이 하는 것으로
그 사례 속에서 어떤 마음이 있었는지
구체적으로 살펴볼 수 있기 때문입니다.

구체적 사건을 떠올리는 것은
어떤 면에서는 대단한 용기를 필요로 합니다.
그것은 두려운 사건을 직면해야 하기 때문입니다.

비록 두렵더라도
자신의 마음의 치유를 위해서는
꼭 거쳐야만 하는 필수 과정이기도 합니다.

용기를 내어

구체적 사례를 떠올려서 문제를 극복해야

더 이상 걸림 없는 자유로운 삶을 즐길 수 있습니다.

자기치유를 위한 노력

스스로 자기치유를 한다는 것은
결코 쉬운 일이 아닙니다.

그것은
당장의 즐거움을 찾는 욕망과
성내는 감정에 휩싸이는 마음과
귀찮아서 오늘은 쉬어야지 하는 게으름과
그렇게 살지 않았으면 좋았을 걸 하는 회한과
이렇게 한다고 치유가 될까 하는 의심이
항상 마음속에 자리 잡고 있어서
몇 번 노력하다가 결국 포기하기 때문입니다.

그럼에도 불구하고
자기치유를 위해서는
자신이 반드시 치유될 수 있다는 강한 믿음과
자기치유를 위한 매일 매일 끊임없는 노력으로
매 순간 깨어 있는 마음인 알아차림을 강화하고
명상의 핵심 수행원리에 근거해서

일상 속에서 실천해 가는 것입니다.

이러한 노력을 체계적으로 꾸준히 노력해 가면
어느 순간 그 경험이 쌓이고 쌓여서
자신을 변화시키는 생활의 습관이 되고
그러는 사이 치유는 되어 있습니다.

절대
조급하게 조금 하다가 포기하지 말고
100일 동안 노력해 보세요.
믿음을 갖고 하는 지속적인 노력이
자유로운 행복을 만들어 줄 것입니다.

명상으로 마음 치유하기

일반적으로
심리치료를 받으러 오는 사람은
구체적 경험이 아닌 일상 속에서 느끼는
자신의 힘든 마음을 풀어 놓습니다.

그럴 때 상담자들은
그가 느낀 힘든 감정에 초점을 맞추어
구체적 사례가 무엇인지 탐색하고
그때 어떤 마음들이 있었는지 질문하면서
그 감정에 머물기를 합니다.

모든 심리치료가 그러하듯
명상을 이용한 심리치료에서도
자신의 마음을 불편하게 했던
구체적 사례를 가지고 합니다.

구체적 방법으로는
자신의 마음을 불편하게 했던

실제 사례를 머리에 떠올리고

그 상황에서

자신을 불편하게 하는 접촉된 감각과 대상을 알아차리고

대상과 접촉 시에 반드시 일어나는 마음 현상인

구체적 감정, 인식, 갈망, 의도를 구분하여

마음을 분석하듯이 나누어서 알아차림을 합니다.

그리고

그 감정에 수반되는 몸의 느낌이

몸의 어느 부위에 어떤 느낌으로

얼마의 강도로 느껴지는지 알아차리고

생각과 판단을 멈추고 몸의 느낌에 머물러서

몸 느낌의 변화를 관찰합니다.

이것이 명상으로 마음을 치유하는 것입니다.

위빠사나 명상으로 자기치유하기

위빠사나 명상으로 자기치유를 하는 방법으로는
마음과 몸의 영역을 나누어서 살펴봅니다.

마음의 영역에 대해서
자신의 마음을 불편하게 했던
실제 장면을 떠올려서
그 상황을 객관적인 관점에서
그때 일어난 마음 현상을 해체해서 살펴보고
그것을 구분하여 적어봅니다.

자신을 불편하게 하는 것은
눈에 보이는 표정인지, 눈빛인지, 동작인지
귀에 들리는 소리는 톤인지, 내용인지…

그때 느꼈던 숨겨진 감정이 무엇인지
그 상황을 어떻게 이해하고 받아들였는지
그렇게 인식된 것은 자신에게 어떤 의미를 갖는지
그때 상대가 어떻게 해주기를 바랐는지

그때 어떻게 행동하고 싶었는지
그때 어떻게 행동했는지
그 행동이 자신을 행복하게 했는지
행복하게 하지 않았다면 다음에는 어떻게 하고 싶은지

만약 행동하고 싶었지만
상대가 무서워서 표현을 하지 못했다면
그때 표현하지 못한 것을 지금 소리 내어 표현해 보세요.

이것이 마음의 영역에서 하는 자기치유 방법입니다.

몸의 영역에 대해서
명상을 위한 자세로 앉아서
눈을 감고 호흡이 안정되면
자신의 마음을 불편하게 했던
실제 장면을 떠올려 봅니다.

그 장면에서 자신을 불편하게 했던 감정을 찾고
그 감정이 일어날 때
몸의 어느 부위에 어떤 느낌이 있는지
알아차림합니다. (예: 가슴에 답답한 느낌, 가슴에 콩닥콩닥 뛰는 느낌)

몸의 느낌에 집중할 때는
생각과 판단을 멈추고
몸의 느낌에만 집중합니다.
숨 들이쉬면서 느껴보고
숨 내쉬면서 느껴봅니다.
몸의 느낌이 사라질 때까지 그 느낌에 집중합니다.

몸의 느낌이 사라지면 감정이 가라앉아 있습니다.

몸의 느낌을 관찰할 때 가장 중요한 것은
어떤 느낌인지 알아차리는 것과
생각을 멈추어서 평정심을 유지하는 것입니다.

자기치유 바디스캔

우리는
강렬하거나 미미한 불편한 감정을
하루에도 몇 번씩 경험합니다.

이러한 불편한 감정인 마음의 찌꺼기를
즉시 해소하면서 살아가는 것이 중요합니다.

감정이 올라오는 순간
감정과 몸의 느낌을 알아차리고
감정에 반응하지 않고 몸의 느낌을 지켜봅니다.
감정이 올라오는 순간에
몸의 느낌을 지켜보는 것이 어렵다면
하루를 마무리하면서 할 수도 있습니다.

명상의 자세로 바르게 앉아서
하루 중에 있었던 불편한 장면을 머리에 떠올리고
그때의 감정이 무엇인지 알아차리고
그 감정이 일어날 때 몸의 느낌을 살펴보기 위해

순간적으로 몸 전체를 훑어보고
그때의 감정이 몸의 어느 부위에
어떤 느낌으로 있는지를 알아차리고
생각과 판단을 멈추고 그 느낌에 머물러서
몸의 느낌이 사라질 때까지 관찰하는 것입니다.

몸의 느낌이 사라지면 감정도 사라집니다.
이것이 스스로 치유하는 바디스캔입니다.

감정 체크리스트 작성

눈, 귀, 코, 혀, 피부, 생각의 감각기관은
우리 몸 밖에 있는 대상과 접촉을 합니다.

그 대상을 쫓아서 우리의 마음도
항상 밖을 향하여 있습니다.

그러나
우리를 불편하게 하는 것은
우리 자신에게서 일어나는 마음입니다.

밖을 향하던 자신의 마음을
자신의 내면으로 돌리기 위해
감정 체크리스트를 작성합니다.

감정 체크리스트는
크게 세 부분으로 나누어져 있습니다.

첫째, 느낀 감정이 어떤 감정이었는지를 체크하는 것입니다.

화, 우울, 불안 중 어떤 항목인지에 체크를 합니다.

그리고 그 감정은 0~100% 중 몇 % 정도의 강도인지 기록합니다.

둘째, 그 감정을 표현하는 방식을 체크하는 것입니다.

부정적으로 표출했는지, 부드럽게 표현했는지,

반응하지 않았는지에 체크합니다.

셋째, 그때 몸에는 어떤 느낌이 있는지를 살펴보는 것입니다.

어느 부위에 어떤 느낌이 얼마의 강도인지를 기록합니다.

매일 감정이 발생될 때마다

이렇게 체크를 합니다.

자신의 내면에 세심하게 주의를 기울이면서

매일매일 빠뜨리지 않고 체크를 합니다.

이것이 밖을 향한 마음을 내면으로 되돌리는 것입니다.

표-1. 감정 체크리스트 양식

구분		월 (/)		화 (/)		수 (/)		목 (/)		금 (/)		토 (/)		일 (/)	
화 우울 불안	발생														
	강도														
감정 표현	긍정														
	부정														
	안함														
몸 느낌	부위														
	느낌														
	강도														

명상일지 작성

명상일지를 작성하는 가장 큰 이유는
자신의 마음을 불편하게 했던 상황에 대해
마음 현상을 해체하여 객관적으로 보는 연습이 되기 때문입니다.

명상일지는 크게 6개로 구분이 되어 있습니다.

상황에서
자신의 마음을 불편하게 한
자신과 상대와의 관계 속에서 일어난
구체적 사례를 작성합니다.
그때 자신을 불편하게 한 접촉된 자극이
눈에 보이는 상대의 표정, 눈빛, 몸짓인지
귀에 들리는 소리의 톤인지, 말의 내용인지
혹은 다른 감각에 접촉된 느낌인지를 기록합니다.

몸 느낌에서는
그때 감정에 수반되어 일어나는 몸 느낌이
신체 어느 부위에 어떤 느낌이 어떤 강도인지를

몸의 느낌을 관찰하여 기록합니다.

마음 현상에서는
그때의 감정이 화인지 우울인지 불안인지를 기록하고
그 감정의 앞에 숨겨진 보다 구체적인 감정이 무엇인지
감정 단어 표를 찾아서 기록합니다.
그 상황을 어떻게 이해하고 받아들이고 있는지 인식을 작성하고
그러한 인식이 자신에게 어떤 의미를 갖는지 찾아봅니다.
그때 상대에게 무엇을 바랐는지 적어봅니다.
그리고 그 바램이
'내가 누군데'와 같은 자신의 존재에 대한 것인지
'당연히 이렇게 해야 돼'와 같은 신념에 대한 것인지
무엇인가 취하려고 하는 물질적 욕망에 대한 것인지
잘 구분하여 체크를 합니다.
그때 자신이 어떻게 말이나 행동을 하고 싶었는지 적어보고
그때 상대가 무서워서 하지 못한 것이라면
지금도 여전히 두렵겠지만
이제는 힘이 있는 성인으로 용기를 내어
지금 여기에서 그때 하지 못한 말을 큰소리로 해봅니다.

또한 그 상황에서
상대는 어떤 마음이었을지

상대의 감정, 인식, 갈망, 의도도 적어봅니다.

행동에서는
그 감정이 일어난 이후에 어떻게 행동했는지를 적어보고
그 행동이 자신을 행복하게 하지 않았다면
다음에 유사한 상황에는 어떻게 행동하고 싶은지 적어봅니다.

명상에서는
명상일지의 위 부분을 모두 작성한 후에
명상을 위해 고요히 자리에 앉아
머리에 자신을 불편하게 했던 장면을 떠올리고
그때 일어나는 감정이
몸의 어느 부위에 어떤 느낌이 있는지 알아차리고
생각과 판단을 멈추고 그 느낌에 머물러서(집중해서)
몸의 느낌이 사라질 때까지 변화를 관찰합니다.

그렇게 명상을 한 후의 소감을 적어봅니다.

오늘의 감사한 일은
큰 것만 찾지 말고 아주 작고 사소한 것이라도
매일매일 감사한 일을 3개 이상을 찾아서
기록을 하고 상대에게 표현을 합니다.

처음에는 좀 쑥스럽겠지만 이내 자연스러워집니다.
감사를 표현하는 것은 자기 안의 긍정성을 길러줍니다.

이렇게 명상일지는
감정 체크리스트에 체크된 것 중에서
한 사례를 골라 작성하고
그 사례로 매일 명상을 합니다.

[표-2. 명상일지 양식]

명상일지 20   년   월   일   대상: 장소:

상황	사건			
	접촉 자극 (눈, 귀, 코, 혀, 피부)			
몸 느낌		신체 부위	느낌	강도(%)
마음 현상		불편한 나의 마음		나를 불편하게 할 때 상대의 마음
	감정(화, 우울, 불안)			
	인식 (그 상황을 어떻게 이해하고 받아들이고 있나요?)			
	그 인식은 어떤 의미인가?			
	갈망 (바램) (그때 어떻게 되기를 바랬나요?)			
	갈망의 형태	존재	신념	욕구
	의도 (그때 말이나 행동을 어떻게 하고 싶었나요?)			
행동	그때 행동			
	그렇게 한 행동이 나를 행복하게 하지 않았다면?			
	다음 행동			
명상	명상을 한 후 소감은?			
오늘의 감사한 일	1. 2. 3.			

자기치유는 자기 이해와 함께

괴로움이 있고 괴로움에는 반드시 원인이 있습니다.

사람이 마음의 괴로움을 느끼는 것은
타인과의 관계 속에서입니다.
즉, 대인관계 속에 괴로움이 있으면
그 괴로움은 화, 우울, 불안과 같은 감정으로 나타납니다.

서로 간에 발생하는 괴로움은
각자 경험한 어린 시절의 부정적 경험이
지금의 상황을 왜곡되게 보게 하기 때문입니다.
그로 인해 우리 모두 각자의 가치관에 따라
상황을 받아들이는 인식과 신념이 다르게 됩니다.
이것이 대인관계에서 갈등과 괴로움을 만들어 냅니다.

이러한 원인들을 하나씩 찾아서
그때의 상황을 지금 여기에서 재경험하여
현재의 자기를 올바르게 이해하고
있는 그대로 보는 것이 자기치유입니다.

자기치유 _ 1주차

이제부터
자기치유의 여행을 시작합니다.

앞으로 12주 동안
항상 행복하게 살 수 있다는 굳은 믿음과
하루도 빠트리지 않는 강한 노력으로
자신의 행복을 찾아가는 긴 여정을 시작합니다.

먼저
지금의 자신의 모습을 작성해 봅니다.
자신은 어떨 때, 어떤 불편함을, 어떻게 느끼는지
그때의 불편한 감정과 감정의 수준
그 감정이 일어날 때 드는 생각은 무엇인지
그리고 불편한 감정이 올라올 때 하는 행동
그것을 제일 먼저 작성해 봅니다.
이것이 현재 수준의 자신의 모습입니다.

그리고

자신의 노력으로 치유과정을 끝까지 마쳤을 때
행동이 어떻게 변화되기를 원하는지도 작성해 봅니다.
이것이 스스로 이루어야 할 행복의 목표입니다.

오늘부터
감정 체크리스트를 매번 감정이 올라올 때마다
감정과 감정 표현 그리고 몸 느낌을 작성합니다.

명상일지는
감정 체크리스트에 체크된 것 중 하나를 선정하여
상황, 몸 느낌, 자신의 마음 현상, 행동
그리고 명상 부분만 작성합니다.

명상일지는 명상을 하기 전에 모든 것을 작성하고
다만, 명상 부분만 명상을 하고 난 이후에 작성합니다.

1주차 명상은
가장 기초가 되는 생각을 멈추는 수식관 명상을
10까지 3회를 반복합니다.
숫자를 잊어버리면 다시 처음부터 시작합니다.
그리고 그 경험을 명상일지의 명상 부분에 소감을 작성합니다.

자기치유 _ 2주차

1주간을 열심히 잘 하셨습니다.

이제부터 2주차를 시작합니다.
2주차에도 1주차와 같이
감정 체크리스트와 명상일지는 동일하게 작성을 합니다.

다만
2주차 첫날은
대인관계에서 힘들었던 상황을 하나 떠올려서
그 사례를 명상일지에 작성합니다.
그 장면에서 접촉 자극과 몸 느낌
그리고 마음 현상을 찾아서 작성합니다

2주차부터 명상은
고요히 명상의 자세로 앉아서
머리에 자신을 불편하게 했던 장면을 떠올리고
그때 일어나는 감정이
몸의 어느 부위에 어떤 느낌으로 있는지 알아차리고

생각과 판단을 멈추고 그 느낌에 머물러서(집중해서)
몸의 느낌이 사라질 때까지 변화를 관찰합니다.

그렇게 명상을 한 후의 소감을 적어봅니다.

자기치유 _ 3주차

2주가 지났습니다.
이제 10주만 남았습니다.
매일 일지를 쓰고 명상을 하는 것은
무척이나 귀찮고 하기 싫은 작업입니다.
매일의 노력에 경의를 표합니다.

이제부터 3주차를 시작합니다.
3주차에도 1주차와 같이
감정 체크리스트와 명상일지는 동일하게 작성을 합니다.

다만
3주차 첫날은
자신의 신념으로 인해 힘들었던 상황을 하나 떠올려서
그 사례를 명상일지에 작성합니다.
그 장면에서의 접촉 자극과 몸 느낌
그리고 마음 현상을 찾아서 작성합니다

명상은

고요히 명상의 자세로 앉아서

머리에 자신을 불편하게 했던 장면을 떠올리고

그때 일어나는 감정이

몸의 어느 부위에 어떤 느낌으로 있는지 알아차리고

생각과 판단을 멈추고 그 느낌에 머물러서(집중해서)

몸의 느낌이 사라질 때까지 변화를 관찰합니다.

그렇게 명상을 한 후의 소감을 적어봅니다.

※ 성격유형별 신념 :

자신이 옳다(완벽추구), 먼저 주어야 한다(사랑받고 싶음), 성공해

야 한다(인정 추구), 아무도 나를 이해하지 못한다(차별 추구), 앎

이 힘이다(정보 추구), 충실해야 한다(안정 추구), 재미있어야 한다

(재미 추구), 약해지면 안 돼(힘을 추구), 평화로워야 해(평화 추구)

* 출처 : 애니어그램 성격유형별 행동특징 (명상상담연구원)

자기치유 _ 4주차

3주가 지났습니다.

이제는 일지를 쓰는 것도 익숙해지고
조금씩 자신에 대해서 알아가는 느낌이 들 것입니다.

이제부터 4주차를 시작합니다.
4주차에도 1주차와 같이
감정 체크리스트와 명상일지는 동일하게 작성을 합니다.

다만
4주차 첫날은
화, 우울, 불안 중 자신이 주로 느끼는
핵심감정이 일어나는 여러 가지 상황을 찾아서 작성합니다.
이것은 어떨 때 똑같은 감정에 사로잡히는지를
찾아보기 위한 것입니다.

'화'를 주로 내는 상황을 예를 들어보면
무엇인가 하려고 하는데 못하게 할 때 화가 납니다.

타인이 날카롭고 큰소리칠 때 짜증이 납니다.
무엇에 압박을 받을 때 긴장되고 화가 납니다.

이렇게 작성을 해놓고
각각의 내용에 대해 이렇게 질문해 봅니다.
'나는 왜 하고 싶은 걸 못하게 하면 화가 나지?'
'나는 왜 높은 톤의 목소리에 짜증이 나지?'
'나는 왜 압박을 받을 때 긴장되고 화가 나지?'
그와 관련된 어린 시절의 경험을 살펴봅니다.
분명 무서워서 참았던 기억, 자신을 혼내던 높은 목소리
압박당하면서 혼이 났던 기억이 있을 것입니다.

이제부터 명상일지의 감정란에
화, 우울, 불안 앞에 숨겨진 감정 단어들을 모두 찾아서 작성합니다.
그것이 우리를 불편하게 하는 가장 중요한 숨겨진 감정입니다.

이렇게 작성한 내용 중의 하나를 선택하여
구체적으로 힘들었던 상황을 떠올려서
그 사례를 명상일지에 작성합니다.
그 장면에서의 접촉 자극과 몸 느낌
그리고 마음 현상을 찾아서 작성합니다.

명상은

고요히 명상의 자세로 앉아서

머리에 자신을 불편하게 했던 장면을 떠올리고

그때 일어나는 감정이

몸의 어느 부위에 어떤 느낌으로 있는지 알아차리고

생각과 판단을 멈추고 그 느낌에 머물러서(집중해서)

몸의 느낌이 사라질 때까지 변화를 관찰합니다.

그렇게 명상을 한 후의 소감을 적어봅니다.

자기치유 _ 5, 6, 7주차

이제부터 5주차를 시작합니다.

5주차에도 4주차와 같이
감정 체크리스트와 명상일지는 동일하게 작성을 합니다.

다만
5주차 첫날은
어린 시절의 불편했던 경험에 대해서 작성합니다.
어린 시절은 자아의 정체성이 확립되는
현재와 가까운 청소년기부터 시작해서
초등학교 시절, 취학 전 시절 등의 순서로
과거의 경험을 탐색해 봅니다.

오늘은 청소년기의 불편했던 경험을 작성합니다.
6주차와 7주차는 더 어린 시절의 경험으로 동일하게 합니다.
다루고 싶은 어린 시절의 힘든 일이 더 있으면
이 과정을 더 많이 해도 됩니다.

명상일지에

자신을 불편하게 했던 접촉 감각은 무엇인지

그때의 몸 느낌은 어떠했는지 살펴보고

그때의 감정, 인식, 그 인식이 어떤 의미를 가지는지

그런 의미로 인식될 때 자신이 어떻게 될 것 같은지를

스스로에게 묻고 또 물으면서 답을 찾아봅니다.

'나를 이렇게 반응하도록 하는 감정은 뭐지?'

'나는 그 상황을 어떻게 이해하고 받아들이고 있지?

'내가 그렇게 받아들이는 건 나에게 어떤 의미지?'

'그 의미는 내가 어떻게 될 것 같은 거지?'

그리고 갈망과 의도를 작성합니다.

특히

그 당시 상대가 무서워서 하지 못했던

말이나 행동의 의도를 큰소리로 말해봅니다.

상대에 대한 두려움이 떨쳐질 때까지…

명상은

고요히 자리에 앉아서

머리에 자신을 불편하게 했던 장면을 떠올리고

그때의 감정이

몸의 어느 부위에 어떤 느낌으로 있는지 알아차리고

생각과 판단을 멈추고 그 느낌에 머물러서(집중해서)

느낌이 사라질 때까지 변화를 관찰합니다.

그렇게 명상을 한 후의 소감을 적어봅니다.

자기치유 _ 8주차

이제부터 8주차를 시작합니다.
8주차에도 4주차와 같이
감정 체크리스트와 명상일지는 동일하게 작성합니다.

다만
8주차 첫날은
최근 불편했던 경험에 대해서 작성합니다.

명상일지를 작성한 후
조용히 눈을 감고 최근 불편했던 사례에서
자신이 불편하게 느낀 감각기관과 접촉 내용을 떠올리고
(예 : 눈에 보이는 무시하는 눈빛, 귀에 들린 높은 톤의 목소리 등)
그때 느껴진 감정이 무엇인지 살펴보고
그와 같은 감정을 느낀 어린 시절 경험을 찾아서
고요히 접촉된 감각의 공통점을 찾아봅니다.

찾아진 어린 시절 장면을 머리에 떠올리고
그때 느낀 감정이

몸의 어느 부위에 어떤 느낌으로 있는지 알아차리고
생각과 판단을 멈추고 그 느낌에 머물러서(집중해서)
느낌이 사라질 때까지 변화를 관찰합니다.

그렇게 명상을 한 후의 소감을 적어봅니다.

이제부터는 명상일지에 추가로
나를 불편하게 할 때 상대의 마음은 어떠했는지
상대의 마음 현상도 작성해 봅니다.

자기치유 _ 9주차

이제부터 9주차를 시작합니다.
9주차에는 8주차와 같이
감정 체크리스트와 명상일지는 동일하게 작성합니다.

다만
9주차 첫날은
자신의 삶에서 가장 힘들었던 경험을 작성합니다.

명상일지에
그때의 숨은 감정이 무엇인지
그 상황을 어떻게 인식하고 있었는지
그 인식은 자신에게 어떤 의미를 가지는지
그런 의미로 인식될 때 자신이 어떻게 될 것 같았는지를
곰곰이 생각해서 기록해 봅니다.
또한 갈망과 의도도 작성합니다.

그리고
그 당시 상대가 무서워서 하지 못했던

의도를 큰소리로 말해 봅니다.
무서움과 억울함이 풀릴 때까지…

명상은
고요히 자리에 앉아서
머리에 자신을 불편하게 했던 장면을 떠올리고
그때 느낀 감정이
몸의 어느 부위에 어떤 느낌으로 있는지 알아차리고
생각과 판단을 멈추고 그 느낌에 머물러서(집중해서)
느낌이 사라질 때까지 변화를 관찰합니다.

그렇게 명상을 한 후의 소감을 적어봅니다.

자기치유 _ 10주차

이제부터 10주차를 시작합니다.
10주차에는 8주차와 같이
감정 체크리스트와 명상일지는 동일하게 작성합니다.

다만
10주차 첫날은
자신의 삶에서 가장 행복했던 경험을 작성합니다.

명상일지에
그때의 행복은 어떤 종류의 행복인지
그 행복을 찾아서 작성합니다.

눈을 감고 명상의 자세로 앉아
가장 행복했던 순간을 머리에 떠올리고
자신이 지금 어디에서 무엇을 하고 있는지
그 장면을 자세히 살펴봅니다.

그 장면 속에서 자신이 느끼는 행복을

충분하게 머물러서 온몸으로 느껴봅니다.
그것은 어떤 유형의 행복인지도 찾아보세요

그리고
그 행복감은 지금
몸의 어느 부위에 어떤 느낌으로 있는지 알아차리고
생각과 판단을 멈추고 그 느낌에 머물러서(집중해서)
느낌이 사라질 때까지 변화를 관찰합니다.

그렇게 명상을 한 후의 소감을 적어봅니다.

오늘 알게 된 행복의 종류는
어떤 이에게는 여유로움이
어떤 이에게는 평화로움이
어떤 이에게는 안전함이 행복일 것입니다.

이 행복감을 안다는 것은
자신의 삶에서 어려움을 극복하는 원동력이 될 것입니다.

오늘부터는 명상일지에 감사한 일을
3가지씩 찾아서 작성하고 상대에게 표현해 봅니다.

자기치유 _ 11주차

이제 다음 주면 끝입니다.
긴 시간 열심히 실천해 오셨습니다.

이제부터 11주차를 시작합니다.
11주차에는 10주차와 같은 방법으로
감정 체크리스트와 명상일지는 동일하게 작성합니다,

다만
11주차 첫날은
사물을 앞에 놓고 사물에 대해 감사한 점을
30가지 이상 찾아서 작성해 봅니다.
그것은 주전자, 컵 등 무엇이든 상관이 없습니다.
그 사물에게서 감사한 점을 찾기만 하면 됩니다.

사물에서 감사한 일은 큰 것도 아니고
아주 작고 사소한 것들이
감사한 것임을 알게 될 것입니다.

이렇듯 우리가 감사해야 할 것은
결코 큰 것이거나 이벤트와 같은 거창한 것이 아니라
매일 일상에서 맞이하는 아주 사소한 것들입니다.

남편은 아내가 차려준 밥상에 감사하고
아내는 남편의 이른 귀가에 감사하고
부모는 자식의 웃는 얼굴에 감사하고…

그렇게 감사한 일을 찾아서 말해 보세요.
'고맙다. 감사하다'고 자주 말을 하면
그 공간이 밝고, 함께 있는 사람이 행복하고
그러한 감사한 마음은 긍정성을 키워주어
결국 자신이 행복해집니다.

매일 일상에서 감사한 것을 찾아서 말해 보세요.
"~~ 해줘서 고마워요."

지금까지 읽어주고 실천해줘서 고맙습니다.

자기치유 _ 12주차

이제 마지막 주입니다.
긴 시간 열심히 노력해 오셨습니다.

이제부터 12주차를 시작합니다.
12주차에는 10주차와 같은 방법으로
감정 체크리스트와 명상일지는 동일하게 작성합니다.

다만
12주차 첫날은
지금까지 해 온 전 과정을
정리하는 시간을 갖도록 하겠습니다.

먼저 자신을 돌아보는 시간으로
자신은 대인관계를 어떻게 하고 있는지
자신이 주로 느끼는 감정 (화, 우울, 불안),
중심 생각 (신념), 갈망은 무엇인지
핵심 감정은 어떤 상황에서 주로 느끼는지
나의 고통은 어린 시절 어떤 경험과 연결되어 있는지

가장 힘들었을 때는 어떤 의미로 인식되고 있고

가장 행복했을 때는 어떠한 행복감인지를 적어봅니다.

또한 각 회기별로 느낀 점, 통찰한 것, 변화된 것을 작성해 봅니다.

마지막으로

나는 어떤 사람인지를 작성해 봅니다.

그리고 결코 쉽지만은 않았을 12주를

그렇게 끝까지 노력해 온 자신에게

'잘했다. 대견하다'라고 칭찬을 해 주세요.

마지막으로

지금까지의 변화를 앞으로 어떻게 유지할 것인지

스스로 행동계획서를 작성해 보세요.

지금 기분은 어떤가요?

표-3. 나는 어떤 사람인가?

구분	나는 어떤 사람인가?	느낀 점, 통찰한 것, 변화된 것 등
1주차		
2주차 (대인관계)		
3주차 (중심 신념)		
4주차 (핵심 감정)		
5주차 (어린 시절)		
6주차 (어린 시절)		
7주차 (어린 시절)		
8주차 (역동 찾기)		
9주차 (힘든 경험)		
10주차 (행복 경험)		
11주차 (감사하기)		
12주차 (종합 정리)		
나는 어떤 사람인가?	나는 괴로움을 어떤 상황일 때 느끼는지, 그때 주로 느끼는 감정은 무엇인지, 감정을 느낄 때 어떻게 행동하는지, 진정으로 행복한 것은 어떤 행복인지? 자신이 괴로움에서 벗어나려면 어떻게 하면 되는지?	

4장

나는 누구인가?

명상은 공부를 하듯이 매일 꾸준히 해야 합니다.

- 달라이라마 -

성격

성격은 환경에 대하여
특정한 행동 형태를 나타내고
그것을 유지하고 발전시킨
개인의 독특한 심리적 체계라고 합니다.

한편
성격은 자신의 가장 아픈 정서인
열등의식을 들키지 않고 지키기 위해
가장 잘 발달된 보상적 심리 체계입니다.

수치심을 들키지 않기 위한 완벽주의
사랑받고 인정받기 위한 자기희생
공허감과 불안을 회피하기 위한 끊임없는 탐구 활동 등

그러므로
잘 발달된 성격은
이면에 숨겨져 있는
열등감, 수치심, 두려움과 같은

열등의식을 지키는 견고한 성과 같은 것입니다.

또한

성격은

두려움에 떨고 있는 참 나의 반쪽을 만나기를

방해하는 방해꾼입니다.

에니어그램 성격 유형

자신의 성격을 알고 이해한다는 것은
삶을 살아가면서 많은 도움이 됩니다.

에니어그램에서 성격유형은 크게 3가지로 나누어집니다.

본능적으로 생존을 우선시하는 의지형.
이들은 자신의 영역을 확보하는 데 에너지를 쏟습니다.
이들은 영역의 침해를 받거나, 욕구가 억압되었을 때
"화"의 감정을 느낍니다.
이는 내면에 두려움이 있기 때문입니다.

타인과의 관계에서 감정적인 측면을 중시하는 감정형.
이들은 사랑과 인정을 얻는 데 에너지를 쏟습니다.
이들은 타인의 지지나 관심을 받지 못할 때
"우울"의 감정을 느낍니다.
이는 내면에 공허감과 수치심이 있기 때문입니다.

사유하기를 좋아하는 사고형.

이들은 자신감 확보를 위해 정보를 찾는 데 에너지를 쏟습니다.

이들은 미래의 삶에 안전함을 느끼지 못할 때

"불안"의 감정을 느낍니다.

이는 내면에 안전함이 없기 때문입니다.

나의 이해

제프리 영의 심리 도식에서 나의 도식은
'엄격한 자기 기준, 권능, 복종, 정서적 억제'의 순으로
나타났습니다.

이러한 심리 도식은
어린 시절의 경험으로 인해 형성된다고 합니다.

이 중 1차 도식인 권능과 복종이
나에게 지대한 영향을 미치는 도식입니다.

권능 도식은 할머니의 나에 대한 무한한 사랑에서 비롯되어
나는 내가 원한 일을 바로 실행하지 않으면
조급한 마음이 듭니다.

복종 도식은 아버지의 무서운 큰 목소리의 영향으로 생겨나
이후 권위자에 대한 불편감으로도 나타날 뿐만 아니라
스스로 자신의 정서를 억제하게도 되었습니다.
이처럼 복종 도식은 나에게 가장 큰 영향을 미친 도식입니다.

복종 도식은

이후 비난과 지적을 받지 않고, 혼이 나지 않기 위해

엄격한 자기 기준의 도식과

정서적으로 억제하는 도식을 발달시켰습니다.

즉, 비난과 지적을 받지 않기 위해

끊임없이 노력하는 완벽을 추구하는 성격으로 발전하였습니다.

나의 성격

나의 성격은
MBTI에서는 ISTJ의 유형이고
에니어그램에서는 1번 개혁하는 사람
즉, 이상을 실현하기 위해
끊임없이 노력하는 활동가입니다.

비난과 지적을 받는 것은
수치스럽고, 존재가 거부되는 것 같아
이를 들키지 않기 위해 끊임없이 노력하는
완벽을 추구하는 성향을 갖고 있습니다.

또한
엄격한 기준을 세워 원칙을 강조하고
현실의 잘못된 일을 밝혀내고
바꾸어 나가야 하는 개혁자입니다.

그리고
"내가 옳다"는 신념을 갖고

옳고 그름을 판단하려 하고
감정은 주로 화를 느끼지만 이를 억압합니다.

그러므로
내가 성장하기 위해서는
나의 견해가
언제나 옳은 것은 아니라는 사실을 깨닫고
판단을 멈추는 방법과
현실을 존재하는 그대로
수용하는 방법을 배워야 합니다.

나의 "화"의 유형

나에게 화는
여러 갈래로 나타나고 있습니다.

어린 시절 힘이 약했던 시절에
욕구의 억제로 인해 하지 못했던 것을
힘이 생긴 지금에도 하고자 하는 것을 저지당할 때

어린 시절 귀에 들리던
아버지의 화난 큰 목소리는
나에게 무서움과 짜증의 대상이었습니다.
그로 인해 나의 귀에 들리는
타인의 짜증 섞인 높은 톤의 목소리는
짜증으로 밀려 올라옵니다.

내게 있어 수치심은
내가 부족하다는
능력의 부족으로 무시 받을까 두려워
끊임없이 긴장하고 있는 몸의 느낌으로 남아 있어

타인의 작은 지적조차 비난으로 받아들여져
"화"가 올라오곤 했습니다.

또한
나의 알 수 없었던 조급함으로 인한 "화"는
이제야 그것이
존재의 무시를 당하고 싶지 않은
발버둥이었음을 알겠습니다.

존재가 무시당하는 경험을 했을 때
살아야 할 이유가 없어지는 듯한
극도의 분노감을 느낀 적도 있습니다.

존재의 무시

겉으로 나타나는 조급증
내 안의 보이기 싫은 수치심 그리고 공허감…

내 안에는 이중으로 포장된 두 개의 상자가 있었습니다.

큰 상자에는 수치심
그 안에 있는 작은 상자에는 텅 빈 공허감

내 안의 무엇이 들킬까 하는 두려움에
작은 지적도 비난으로 다가와
무의식 속에서 끊임없이 긴장하고 방어하며
완벽하려고 애쓰며 살았습니다.

내게 있어 수치심은
내가 알지 못한다는 능력의 부족
그것은 몸의 화끈거림으로 다가옵니다.

그 안의 텅 빈 공허감은

내 안에 내가 없는 삶을 살아온 공허감…
어린 시절 존재를 확립하고자 하는 강한 열의가 올라온 시점에
존재에 대해 거부당한 단 한 번의 경험은
존재가 사라지는 느낌인
몸이 한 조각 한 조각 떨어져서 사라지는 느낌으로 다가옵니다.

그러므로
내게 있어 가장 큰 아픔은
능력의 부족을 지적하는 무시가 아니라
존재를 부정하는 존재의 무시였습니다.

권위자에 대한 불편감

내 어릴 적 아버지에 대한 기억은
큰소리로 호통치던 무서운 분이셨습니다.
당신의 앞에 서면
늘 무서움에 주눅 들어 말을 잊었습니다.

세월이 흘러 어제는 형님처럼 편했던 분이
오늘 직속 상사로 만나면
무언지 모를 불편하고 경직된 느낌이
내 몸과 마음을 사로잡았습니다.

그것은 오늘만의 경험이 아니었습니다.
살아오는 동안 만난 모든 직속 권위자에게
그러한 느낌을 받았습니다.

이제껏 느꼈던 권위자에 대한 불편함이
아버지에 대한 두려움이었음을 알게 되고
끊임없이 알아차림의 반복을 통해
이제야 그 불편함으로부터 자유로워졌습니다.

분명하게 봄

명상을 하면서
몸에서 일어나는 느낌에 집중하면
느낌의 모양, 크기, 색깔, 무게 등이
마음의 눈에 보여지고
그것의 변화되는 과정도 보여집니다.

이러한 내 마음의 눈으로 본 것이
스스로도 의구심이 들어
확신을 갖고 싶었습니다.

이에, 명상수행을 지도하시는 스님에게
명상 중에 내가 본 것이
"제대로 본 것인지 헛것을 본 것인지"
문의를 해보았습니다.

스님께서는
"분명하게 본 것입니다."라고
말씀을 해주셨습니다.

마음 관찰 경험 사례

나를 불편하게 하는 미해결과제 중
조급증, 수치심 등이 있었습니다.

6년의 세월 동안
조급증의 원인을 찾기 위해
어린 시절 경험 등을 살펴보았지만
끝내 찾지를 못했습니다.

어느 날
조급증, 수치심, 존재, 권능 등과 같은 단어들과
어린 시절의 경험들을 연결하여 살펴보니
어린 시절의 한 장면이 떠오르고
그 장면이 나에게 어떻게 인식되는지를 살펴보자
그것은 존재에 대한 거부감으로
"내 안에 내가 없는 삶"이 보였습니다.

그리고 그 감정에
"공허감"이라고 이름을 붙이니

두 눈에 눈물이 주르륵 흘러내렸습니다.

순간 스쳐가는 생각이
공감이란 '정확한 감정을 찾아주는 것이구나'였습니다.

그날 저녁 가슴에는 접시만한 크기의
불에 데인 듯이 화끈거리고, 쓰라리고, 아린 느낌이
찾아왔습니다.

한동안 가슴에는 그렇게 통증이 남아 있고
시간이 지나면서 딱딱한 딱지처럼 느껴지더니
어느 순간 딱지 같은 느낌이 툭 떨어지고
가슴에는 부드럽고 말랑말랑하고 빨간 새살이 느껴졌습니다.

몸에 남은 정서는 몸을 떠나가기 전
통증으로 존재를 알리고 떠나가나 봅니다.

이제는 조급증이 한결 무뎌졌습니다.

깊은 이해 경험 사례

10월 3일 하늘이 열리는 날, 직장동료들과
하늘과 가장 높이 맞닿아 있다는 지리산 천왕봉에 올랐습니다.

천왕봉 꼭대기에 서니 같이 오지는 못했지만
집에 있는 아내에게 산꼭대기에서 아래를 내려다보는
지리산의 멋진 경치를 보여주고 싶었습니다.

아내에게 전화를 걸었더니 얼굴을 가리며
왜 영상통화로 했냐고 묻습니다.
"당신에게도 지리산 경치를 한 번 보여주려고
영상통화를 걸어봤어요."라고 하자
"나도 대학 다닐 때 갔다 왔다고 했잖아요.
당신은 내 말에 집중을 안 해요."라고 하는 목소리가
전화기 너머 들려왔습니다.

그때 아내가 왜 그렇게 반응했는지
이유를 알 수 없었던 나는
산을 내려오는 내내 마음에는 서운함과 짜증

그리고 아내가 왜 그러는지 의구심이 들었습니다.

산 중턱쯤 내려왔을 때
"내 말에 집중을 안 해"라는 아내의 말이 불쑥 떠오르자
"내가 예전에 아내의 말에 귀를 기울이지 않은 것이
이렇게 오래 가는구나."라는 생각이
머리를 스치고 지나갔습니다.

내가 평소에 아내의 말에 집중하지 않았다는
그것이 아내의 서운함의 원인이었다는
아내에 대한 깊은 이해가 생기자
서운함과 짜증은 사라지고 없었습니다.

상대에 대한 깊은 이해는
나의 마음이 상대의 마음과 똑같이 느끼는
공감으로 나아가는 바탕입니다.

몸 느낌 관찰 사례 1

가슴에 답답함이 느껴집니다.
생각을 멈추고 호흡에 집중하면서
답답한 가슴에 마음을 집중합니다.
숨 들이쉬고 숨 내쉬면서
내 몸의 느낌을 지켜봅니다.

명치에 단단한 덩어리가 있고
마치 매달아 놓은 추 같고
아래로 무게감이 느껴집니다.

계속 지켜보자
서서히 덩어리가 녹아내려
아래로 부채처럼 퍼져갑니다.

추의 무게감이 줄어들자
부채처럼 펼쳐진 곳에서도
작은 무게감이 느껴집니다.
추는 점점 작아지고

아랫부분은 얇고 넓게 퍼져갑니다.

숨 들이쉬고 숨 내쉬면서
몸의 느낌을 계속 지켜봅니다.
이윽고
명치에 있던 덩어리는 사라지고
가슴에는 시원한 청량감이 느껴집니다.

몸 느낌 관찰 사례 2

나는 평소 과로와 스트레스로
머리가 무겁고 열이 많았습니다.

언젠가부터
업무와 삶에 여유가 생기고
그렇게 바쁘지도 스트레스를 받지도 않았습니다.

그러던 어느 날
버스를 타고 가던 길에
머리가 깨질 듯이 아프고 열이 나는 느낌이 있었습니다.
호흡을 하면서 머리에 마음을 집중하고
머리에 있는 느낌을 지켜보았습니다.

머리에는 깨질 듯한 팽창감과 긴장감 그리고 열감이 있었으며
순간적으로
'내가 긴장하고 있구나.
마치 전방의 보초병이 경계를 서듯이
누군가 내 영역을 침범하지 않을까

경계를 하고 있구나.'라는
생각이 스쳐 지나갔습니다.

내 머리의
경계를 서고 있는 듯한 느낌을 알고 나서
얼마간의 시간이 흐른 후
머리의 긴장감도 열감도 없어졌습니다.

몸 느낌 관찰 사례 3

집중명상 수련을 할 때였습니다.

앉아서 명상을 하고 있는데
오른쪽 날개쭉지 부위의 통증으로
10분 이상을 앉아 있을 수가 없었습니다.

그래서
오른쪽 날개쭉지 부위의 통증에 마음을 집중해서 살펴보니
통증은 원추형으로 살 속 깊이 뿌리 박혀 있고
통증의 느낌은 살 속으로 찌르면서 파고드는 느낌이었습니다.

호흡을 하면서 그 느낌에 집중하여
"찌름, 찌름, 찌름"이라고 마음으로 느낌을 부르고
어떤 의도도 없이 단지 지켜보기만 하자
어느 순간 통증이 훅 사라져 버렸습니다.

이 경험으로
내 몸에 나타난 느낌에 대해

그 느낌이 어떤 느낌인지 찾아보고

그 느낌에 가장 적절한 이름을 붙여주고

그 느낌의 존재를 인정해 주면서

어떤 의도도 없이 단지 바라보기만 하면

그 느낌은 결국 사라진다는 것을 알게 되었습니다.

그러므로

느낌은 어떠한 의도도 없이

느낌 자체로 충분히 존재를 인정받으면

결국은 스스로 사라집니다.

바디스캔 사례

집중명상 수련을 할 때였습니다.

앉아서 몸의 감각 접촉과 느낌을
바디스캔으로 알아차림하고 있는데
명치 부분의 통증과 호흡이 막히는 느낌
명치의 가로 접히는 부분의 통증과
같은 위치의 등에도 가로로 통증이 느껴졌습니다.

등을 위에서 아래로 바디스캔을 하자
등이 잘려 있는 것이 보이고
순간
장수로 보이는 사람이 할복하는 이미지가 눈앞에 나타났습니다.

등에서 발까지
그리고 다시 발에서 등으로 올라오면서 바디스캔을 하는데
등의 잘려 있는 부분이 붙어 있고
배와 명치 부분으로 올라가자 통증은 모두 사라지고
호흡도 편안하고 안정되게 느껴졌습니다.

그리고 얼마 후
나는 앉아 있을 때는
항상 명치 있는 부분이 접혀 구부정하게 앉아 있었는데
등이 펴지고 편안하게 앉아 있는 모습이 되었습니다.

몸의 느낌을 통해
나는 전생의 할복자살하는 업의 행위를 보았고
현생에서 등이 굽어지는 전생의 과보를 보았고
느낌에서 미래의 업을 만드는 힘인 업력을 보았으며
이 모든 것의 일어남과 사라짐을 보았습니다.

그러므로
전생의 행위와 현생의 과보로 윤회를 보았고
모든 것의 일어남과 사라짐의 무상을 보았으며
윤회를 통해 괴로움의 발생구조와 소멸구조인 연기를 보았습니다.

감각기관과 대상과 의식이 접촉하면 대상을 인식하고
과거 모든 정보를 이용하여 판단하면 감정이 일어나고
이 감정은 몸의 느낌으로 나타납니다.

몸의 느낌이 즐거우면 그 느낌을 탐하는 갈망이 일어나고
몸의 느낌이 괴로우면 그 느낌을 제거하려는 갈망이 일어나고

이러한 갈망은 집착으로 강화되어 윤회가 일어납니다.
몸의 느낌은 업을 일으키는 힘인 업력으로
이것은 유식에서 말하는
제8식인 아라야식에 있는 업의 종자입니다.

그러므로
우리의 몸은 조건이 갖추어지면
제8식 아라야식이 발현하는 곳이라고
조심스럽게 생각을 해봅니다.

몸과 마음 관리

마음을 평온하게 유지하려면
몸과 마음을 잘 살펴보세요.
몸과 마음이 지쳤을 때
내가 타인에게 어떻게 대하는지
나로 인해 상대가 어떤 기분을 느끼는지…
그리고 나의 기분은 어떤지…

몸과 마음은 연결되어 있기 때문에
몸이 지치면 마음도 지칩니다.
몸이 피곤하면 마음에선 짜증이 올라옵니다.
그러니 몸을 너무 혹사시키지 마세요.

마음이 힘들면 몸도 힘들어집니다.
마음이 지치는 건 생각이 너무 많기 때문입니다.
그러니 호흡에 집중해서 생각을 쉬어보세요.

우리에겐 내일이 또 있으니
몸과 마음이 지치지 않도록 잘 돌보세요.

타임아웃 적용사례

타임아웃은
문제행동을 중지시킬 목적으로
문제가 일어나는 상황으로부터
일정 기간 분리시키는 기법입니다.

이 기법을
우리 부부 사이에 적용을 해보았습니다.

누가 얘기를 하든
자신에게 불편한 감정이 일어나든가
상대에게 불편한 감정이 일어나는 느낌이 들 때
타임아웃 선언을 합니다.

누구든 타임아웃 선언을 하면
현재 하고 있던 대화를 멈추는 것입니다.

이렇게 실제로 적용을 해보니
대화 중에 짜증이나 화를 내기 전에 대화가 멈추어지고

상황에 대한 거리 두기가 이루어져
감정이 격화되는 것을 예방할 수 있었습니다.

이 경험을 통해 알게 된 것은
의논이 필요한 대화는 다음에 해야 하지만
실제로 서로를 화나게 하는 대화의 80~90%는
굳이 하지 않아도 되는 감정 소모적 대화였습니다.

후회 없는 삶

나에겐
잃어버렸다고 생각한 10년의 세월이 있었습니다.

그때는 회사 생활을 가장 중요하게 여겨서
가정은 항상 뒷전이었습니다.
뒤늦게 가정의 중요함을 알게 되어서
한때는 그 시절을 후회하며 자책도 하곤 했습니다.

그때의
나의 환경, 나의 가치관은
그렇게 한 그 당시의 행동이
최선의 선택이었을 것입니다.

그러나
환경도, 가치관도 바뀐
지금에 와서 생각해보니
다른 선택을 할 수 있었을 것이라는 생각에
후회를 하게 됩니다.

결국

후회는 바뀐 환경, 바뀐 가치관 속에서 나오는 것이며

그렇게 행동했던

그 순간에는 최선의 선택이었던 것입니다.

오늘부터는 후회하지 말고

그렇게 애써 살아온 자신에게

수고했다고

지금이 있게 해줘서 고맙다고

스스로에게 얘기해 주세요.

상처는 성장의 동력

상처는 지워지지 않습니다.
이미 경험한 내 삶의 한 부분입니다.

그 아픔이 남긴 내 상처에서
그때의 감정은 무엇인지
나는 그때 무엇을 바랐는지

그리고 그 상황에서
숨겨진 감정은 무엇인지
주의 깊고 꼼꼼하게
상처가 되었던 그 상황을
분해해서 살펴봅니다.

그렇게 해서
아픔의 실체를 알게 되면
상처는 더 이상 상처가 아니라
성장의 동력이 됩니다.

상처를 받는다는 것은

실체를 모를 땐 아픔이지만

실체를 알게 되면 성장의 동력입니다.

느낌의 수용

느낌에는
좋은 느낌, 싫은 느낌, 좋지도 싫지도 않은
느낌이 있습니다.

그것은 좋은 것도 나쁜 것도 아닙니다.
단지 느낌이 있을 뿐입니다.

그 느낌은
마음에서 일어나는 감정일 수도 있고
몸에서 느껴지는 몸의 느낌일 수도 있습니다.

대상과 나의 감각기관이 접촉이 될 때
몸과 마음에는 느낌이 일어나고
그 느낌은 내가 살아 있음을 알려주는 신호입니다.

그러므로
나의 마음에는 어떤 마음 현상이 일어나는지
나의 몸에는 어떤 느낌이 있는지

항상 알아차림할 수 있도록
자신의 몸과 마음에 주의를 기울이세요.

느낌이 일어날 때
그 느낌이 있음을 알아차리고
그 느낌의 존재를 있는 그대로 수용합니다.

당당하게 요구하기, 거절하기

어떤 이는

타인의 요구를 거절하는 것이 힘이 든다고 합니다.

타인의 요구를 거절하면

그가 자신을 멀리할까 두렵기 때문입니다.

또 어떤 이는

타인에게 무언가를 요구하는 것이 힘이 든다고 합니다.

나의 요구를 그가 거절하면

자신이 그에게 외면당할까 두렵기 때문입니다.

어떤 필요에 의해

타인이 요구하는 것은 그의 마음이고

그것을 거절하는 것은 나의 마음입니다.

반대로

내가 요구하는 것은 나의 마음이고

그것을 거절하는 것은 그의 마음입니다.

상황에 접해서 느끼는

각자의 감정은
각자가 해결해야 할 문제입니다.

그러므로
당당하게 요구하고, 당당하게 거절하세요.
어떤 경우에도 자책하거나 상처를 받지 마세요.
요구하는 것은 나의 마음이요
거절하는 것은 그의 마음인 것을 알면 됩니다.

상처받은 사람

어떤 사람은 속을 잘 드러내지 않고
어떤 사람은 타인과 잘 어울리지 못합니다.

속을 잘 드러내지 않는 사람은
타인과 소통하기 싫어서가 아닙니다.
속을 드러냈다가
또 상처받을까 두렵기 때문입니다.

타인과 잘 어울리지 못하는 사람은
소통하는 법을 잘 모르기 때문이기도 하지만
그가 소통을 시도했을 때
또 상처받을까 두렵기 때문입니다.

속을 잘 드러내지 않거나
타인과 잘 어울리지 않는 사람은
우리와 다른
이상한 사람이 아니라
마음이 아픈 사람입니다.

용서

용서는
상처받은 사람이
아픔이 극복되었을 때 나오는 마음입니다.

용서는
상처를 준 사람의 "미안해"라는
말 한마디로 해결되는 것이 아니라

상처받은 사람이
진실로 아픔이 극복되었을 때
용서를 해주는 것입니다.

용서는
잘못을 저지른 타인의 마음을
편하게 해주는 것이 아니라
그로 인해 생긴
불편한 자신의 마음을
편해지도록 하는 것입니다.

남과 비교하지 않기

법정 스님께서 말씀하시길

"남과 비교하지 마십시오.
자신은 이 세상에 단 하나밖에 없는 귀한 존재입니다.
자기 자신답게 살 수 있어야 합니다."라고 하셨습니다.

비교하는 마음은 저절로 일어납니다.

비교하는 마음을 갖지 않기 위해서는

비교하는 생각이 일어나는 것을 알아차리고
비교할 때 일어났던 의도를 알아차립니다.

그렇게 하면
비교하는 마음은 놓아집니다.

모든 것은 완전한 것

모든 것은 완전한 것입니다.

그것은
좋은 것도 나쁜 것도 아니며
옳은 것도 그른 것도 아닙니다.

다만
그것을 바라보고
해석하고 판단하는 생각이
그것을 왜곡시킬 뿐입니다.

그러므로 생각과 판단을 멈추고
단지 바라보기만 하세요.

그러면
그것은 진실로
완전한 것임을 알 수 있습니다.

행복이란

행복은
큰 것에 있는 것도 아니고
멀리 있는 것도 아니며
단지
인식하는 순간에 있습니다.

지금 행복하지 않다면
그 상황을 관찰해 보세요.
현상은 그대로 있습니다.
다만
내가 한쪽 면만 보고 있기 때문입니다.

지금 행복하다면
그 상황을 관찰해 보세요.
현상은 그대로 있습니다.
이 또한
내가 한쪽 면만 보고 있기 때문입니다.
곧 사라질 행복을…

알아차림으로 놓아버리세요.
불행한 면으로 보는 시각도
행복한 면으로 보는 시각도

그리고
다만, 있는 그대로 보세요.
그러면
평온한 자유가 있습니다.

행복한 삶

어제는 오늘과 다르고
오늘은 내일과 다르지요.

과거는 이미 지나갔고
미래는 아직 오지 않았습니다.

삶이란
그리워하고 아파하고 불안해하는
생각 속에 있는 것이 아니라
지금 이 순간 체험하는
경험의 순간에 있는 것입니다.

그러므로
행복한 삶을 살아가기 위해서는
분별의 생각과 판단을 멈추고
매 순간의 행위에 집중해야 합니다.

꽃

아내가 꽃과 다육을 잔뜩 사왔습니다.

매일 화분에 물을 주면서 정성을 기울이니
화초는 꽃으로 화답을 합니다.

아내는 화초를 가꾸면서 즐기고
피고 지는 꽃의 신비한 변화를
나는 매일 사진을 찍으면서 즐기고
우리는 사진을 보면서 또 즐기고…

우리가
꽃을 키운다고 생각했는데
꽃이 우리를 행복으로 키우고 있었습니다.

피는 건 다 시기가 다릅니다

피는 건 다 시기가 다릅니다.

꽃은 피어야 할 조건을 씨앗이 품고 있습니다.
씨앗이 싹이 틀 조건이 되어야 싹을 틔우고
꽃을 피울 조건이 되어야 꽃을 피웁니다.
토양, 수분, 온도, 바람 등의 조건이 맞아야 하는 것입니다.
그러므로
할미꽃, 붓꽃, 바람꽃, 패랭이꽃, 국화 등의 꽃들이
피는 시기가 다 다른 것입니다.

사람도
자신이 피어야 할 조건을 품고 있습니다.
어떤 이는 빠르고, 어떤 이는 다소 늦을지라도
누구나 가장 아름답게 피어나는 시기는 있습니다.
사람을 가장 아름답게 피게 하는 조건은 사랑입니다.

사랑이란
그가 삶을 따뜻하고 안전하게 느끼도록 돌봐주고

그를 그 자체로 존재하는 대상으로 존중하고
그가 어떤 마음일지에 대해 깊이 이해를 해주고
그리고 이 모든 것을 책임을 지고 지켜주는 것입니다.

씨앗이 품은 조건에 따라
피는 건 다 시기가 다르지만
제 때에 건강하고 아름답게 피어나도록 사랑해 주세요.

요조의 "화분"

요조의 노래 중에 '화분'이라는 노래가 있습니다.

"언젠가
집 앞에 놓여 있던 화분
아직 꽃이 이렇게 환한데
어쩌다 버려졌나

꽃이 웃었네
꽃이 웃으며
내가 먼저 저들을 버렸다 하네

꽃이 웃었네
언젠가 이름 모를 화분 앞에 버려진 집"

이 노래 가사에서
화분은
수동적으로 집에서 버려졌다는 인식에서
능동적으로 집을 버렸다는 인식으로

인식의 전환을 하고 있습니다.

그러나
꽃이 환한 화분은
집 앞에 버려지지도
집을 버리지도 않았습니다.
다만, 화분의 위치가 옮겨졌을 뿐입니다.

이제 곧 꽃이 피겠지요?

낙엽이 지고
흰 눈이 내리는 겨울이 지나면
이제 곧 꽃이 피겠지요?

나는 꽃을 피라고 말하지 않았지만
꽃은 스스로 필 것이고
꽃은 나에게 즐기라 하지 않았지만
나는 홀로 즐겁습니다.

어정현

현재 삼성전자에서 부장으로 재직하고 있다.

경북대학교 전자공학과를 졸업하고, 한양사이버대학교 대학원 상담 및 임상심리 석사를 마쳤으며, 경기대학교 대학원 상담학과 박사과정에 재학 중이다.

위빠사나 명상센터인 '호두마을'과 '담마코리아'에서 집중 명상수련을 하였으며, 상담심리사 2급(한국상담심리학회), 임상심리사 2급(보건복지부), 명상상담사 2급(한국명상상담학회) 등의 자격증을 보유하고 있다.

알아차리고 머물러서 지켜보라

초판 1쇄 발행 2020년 5월 29일 | **초판 2쇄 발행** 2020년 8월 4일
지은이 어정현 | **펴낸이** 김시열
펴낸곳 도서출판 운주사

(02832) 서울시 성북구 동소문로 67-1 성심빌딩 3층
전화 (02) 926-8361 | 팩스 0505-115-8361
ISBN 978-89-5746-606-3 03220   값 15,000원
http://cafe.daum.net/unjubooks 〈다음카페: 도서출판 운주사〉